Cómo tratar con
Personas Difíciles

Cómo tratar con Personas Difíciles

*Cómo encargarse
de las personas
problemáticas en
nuestra vida*

SERIE PRESENTADA POR

Jill Briscoe

CÓMO TRATAR CON PERSONAS DIFÍCILES

Cómo encargarse de las personas problemáticas en nuestra vida

© 2005 Editorial Patmos, Miami Florida, EE. UU.

Publicado en inglés por NexGen, una división de Cook Communication Ministries y Kingsway Communications.
© 2003 por Just Between Us magazine

Traducido al español por Silvia Cudich

A menos que se indique lo contrario, las citas bíblicas se toman de la Santa Biblia, Nueva Versión Internacional (NVI). © 1999 por la Sociedad Bíblica Internacional.

ISBN: 1-58802-298-6
Categoría: Mujeres

índice

Una nota de Jill Briscoe

Queridas amigas:

Poco tiempo después de convertirme en una esposa de pastor, me encontré en una reunión de iglesia donde mi esposo era el objeto de las críticas. Él estaba allí callado, sin ofrecer ninguna defensa. «¿Por qué no dice algo?», pensaba yo con desesperación.

Después de algunas flechas más dirigidas hacia donde se encontraba sentado, me dije a mí misma: «Bueno, si él no piensa defenderse, me imagino que para eso estamos las buenas esposas cristianas».

Me puse de pie, dije algunas palabras sin mucha pasión, comencé a llorar, ¡y salí corriendo del auditorio! Desde ese acontecimiento tan traumático, he aprendido a manejar un poco mejor las críticas y las personas difíciles. (Eso no debería ser muy difícil, me parece que les escucho decir.)

Es difícil cuando nos critican, pero es peor aún cuando critican a nuestro esposo o a nuestra familia. A veces, los miembros de la iglesia no desean confrontar al pastor, pero sienten que pueden pasar sus quejas a través de la esposa del pastor, ya que por lo general, ésta no es tan intimidante como él.

Las críticas asumen diferentes formatos. «Él es demasiado profundo», dice uno; «Es demasiado superficial», dice otro. «Es muy tedioso. Mis niños se aburren», confiesa otro. ¿Qué esperan que yo les diga? «Estoy de acuerdo con usted, Sra. García. A mí también me resulta terriblemente pesado».

A veces, cuando estoy escuchando cómo alguien critica a mi esposo, pienso para mis adentros: «¿Se habrá olvidado esta persona que yo estoy casada con ese hombre?

¿Cómo se sentiría si yo le llevara a un lado para decirle que siento que su esposo debería en realidad vestirse de otra manera para tener una mejor apariencia?»

¿Cómo podemos manejar esos encuentros con personas difíciles? Quizás saltemos para defender a nuestros seres queridos o cortemos a la persona en la mitad de su frase de quejas. Por lo general, media hora después de dichos episodios, yo me siento descompuesta o me viene una terrible jaqueca. Después de treinta años, todavía lucho con lo injusto de todo esto.

No importa cuál sea nuestro cargo o función en el cuerpo de la iglesia, todas tenemos que lidiar con personas difíciles. ¡La culpa de todo la tiene Eva!

Pero no sirve de nada echarle a ella la culpa por la gente rara con la que tenemos que lidiar en nuestra vida y ministerio. Después de todo, ¡con tan sólo mirar el espejo, veremos evidencias de nuestra semejanza con Eva también! De modo que ¿cuál es la respuesta para tratar con personas difíciles? Quizás nos ayuden algunos de estos consejos:

• Hagamos todo lo posible para que las personas difíciles sean nuestros amigos. Es asombroso lo que pueden hacer las amistades. La mayoría de las personas difíciles sufren de soledad.

• Investiguemos lo que dice la Biblia sobre este problema, luego apliquemos la verdad que descubramos allí.

• Perdonemos a esas personas por ser difíciles.

• ¡Volvamos a perdonarlas una vez más!

• Oremos por ellas. Es difícil estar enojadas con alguien cuando nos encontramos en la presencia de Dios.

• Confrontemos la dificultad y tratemos de hablar con ellas al respecto. Si fuera necesario, un tercero podría actuar como árbitro.

• Tratemos de comprender «por qué» la persona se comporta de esa manera.

• Amémoslas en forma práctica. Hagamos algo por ellas que no se merecen.

• Demos gracias a Dios todos los días por las personas difíciles que se encuentran en nuestra vida. Las alabanzas transforman las relaciones. ¡Ya verán!

Espero que los capítulos de este libro las ayuden a lidiar mejor con las personas difíciles de su vida. Ahora me tengo que ir porque tengo una cita con alguien que desea verme. Ella dice: «¡Ella piensa que yo soy una persona realmente difícil!» ¡Ayúdame, Dios mío!»

En su gozo

Jill Briscoe

capítulo uno

Cómo lidiar con personas difíciles

Cómo manejar a las personas problemáticas en nuestra vida

Stuart Briscoe

lgunos años atrás, en la ciudad de Liverpool en Inglaterra, se organizó una «marcha de paz» para demostrar la unidad de la iglesia de Jesucristo a un mundo que observaba. Un grupo de niños vestidos de ángeles iban delante de la procesión llevando estandartes con forma de palomas y estampados con la palabra «Paz». Desafortunadamente, durante el punto culminante del evento (incluyendo un discurso algo extenso exaltando las alegrías de la fraternidad cristiana) algunos de los «ángeles» fueron vistos cuando le pegaban a sus compañeros en la cabeza con los estandartes con forma de paloma. Aparentemente, a pesar de las nobles intenciones de los organizadores de la marcha y las sinceras proclamaciones de los predicadores, la paciencia de los jóvenes participantes se estaba acabando. La frágil armonía se desintegró y la demostración demostró algo que no se suponía que debía demostrar: que los cristianos, tanto jóvenes como viejos, tienen dificultad para llevarse bien entre ellos.

Ahora, si se protestara diciendo que los cristianos adultos no se andan pegando los unos a los otros en la cabeza con estandartes, tendría que admitir que eso es cierto. No obstante, en pro de la honestidad y de la justicia, debo admitir que existen las tensiones, que abundan las dificultades, y que muchos creyentes sinceros agonizan sobre cómo lidiar con relaciones que tienen más probabilidades de causar dolor que de promover la paz. Pero, ¿por qué es así?

Primero, tenemos que tener presente que la revelación propia de Dios es tan vasta, misteriosa y global que ningún ser humano la puede comprender por completo. Segundo, debemos admitir que nuestra mente no es perfecta, nuestras motivaciones no son completamente puras y nuestros intereses propios no son del todo nobles. Cuando colocamos esos dos factores juntos, no nos será difícil percibir por qué existe una posibilidad tan seria de que lleguemos a diferentes conclusiones, adoptemos diferentes actitudes, y determinemos que diferentes acciones son necesarias. Cuando se sostienen opiniones con diversos grados de convicción, se exhiben actitudes con diversos grados de gracia y se establecen prioridades con diversos grados de flexibilidad, es necesario tener corazones cálidos y mentes claras. Si no es así, los resultados podrían no llegar a ser los ideales.

Cuando las opiniones y convicciones de la gente están esposadas con un escaso respeto por las convicciones de los demás; cuando sus actitudes son de desprecio y descrédito en cuanto a los sentimientos profundos de otros; cuando sus asuntos prioritarios se presentan en una forma que implica que son infalibles; y cuando sus objetivos aparentan estar dirigidos más hacia ganar que hacia buscar apoyo—más interesados en probar que tienen razón a costa de todo que de comportarse de manera correcta, las personas se vuelven algo «difíciles». Dichas personas no enarbolan estandartes con forma de palomas para golpear a los cabeza dura. En cambio, ellos suelen utilizar métodos más civilizados, aunque no menos devastadores, para alcanzar sus fines, y en el proceso quebrantan muchos corazones sensibles.

Pienso en el organista y director de coro de la iglesia que se niega a tocar y permitir que el coro cante si se utiliza música contemporánea en el culto. Todo esto a pesar del hecho de que algunas composiciones recientes como «Shine Jesus Shine» y «Meekness and Majesty» son equiparadas musical y teológicamente con algunas de las composiciones más venerables que él mismo aprueba. Lamento la pérdida para el campo misionero de una pareja que, a pesar de que hablaban el idioma y estaban profundamente involucrados en la cultura de la gente a la que habían sido enviados, no obstante, fueron enviados de regreso a casa, porque su estilo de evangelización era más aguerrido que el del líder de ese terreno. En vez de admitir que él se sentía amenazado por la eficiencia de ellos y desafiado por su valentía, escogió en cambio cuestionar sus motivos y su lealtad. Me causa un profundo dolor cuando las iglesias se dividen a causa de personas que, en vez de sentarse y encontrar elementos en común concernientes a los roles que las mujeres pueden desempeñar legítimamente en una iglesia, ellos se aferran a lo que creen que las mujeres no pueden hacer y defienden esa postura con tanta fuerza, que el resultado es que las mujeres pueden hacer menos en la comunidad que lo que hacían en la época del Nuevo Testamento. Me desespero por los comités de las iglesias que no pueden convencer a un pastor de que sus sermones podrían verse mejorados si los recortara o amplificara, si los ilustrara o si agregara algún contenido adicional, y en cambio llegan a un callejón sin salida que se «resuelve» despidiendo al pastor, lo cual lleva a la desintegración del comité y a la dispersión de la congregación y al disgusto de la sociedad.

Podemos—y debemos—hacer un mejor trabajo. ¡Por cierto que abundan las dificultades! ¡No hay duda de que las personas difíciles se multiplican! Sin embargo, el pueblo de Dios está llamado a algo más noble y grandioso que lo que se exhibe tan a menudo por medio de las personas difíciles y aquellos que lidian con ellas.

Evaluemos nuestros propios motivos y acciones

¿Cómo debemos entonces manejar a las personas «difíciles»? Primero y principalmente tenemos que entender que aquellos que perciben a los demás como «difíciles» habrán de caracterizarse, sin duda alguna, como los propiamente difíciles. A pesar de que se necesitan dos personas para bailar el tango, eso no quiere decir que se necesiten dos personas difíciles para tener un conflicto: ¡con una sola basta y sobra! El que sostiene tenazmente una posición, encontrará dificultades con aquél que no esté tan entregado a esa postura, y el que sienta pasión por algún asunto, no estará demasiado impresionado con la persona que, deseando que ellos cambien, exhiba aparentemente una falta de entendimiento y principio. Por consiguiente, todo aquél que busque lidiar con una persona difícil debe estar dispuesto a investigar sus propios motivos y acciones antes de vadear las aguas traicioneras de las relaciones turbulentas.

Aclaremos el problema

Luego, debería realizarse un intento por aclarar los asuntos alrededor de los cuales se haya generado la dificultad. En el terreno de las relaciones humanas, las posibilidades de que existan malos entendidos es enorme y las probabilidades de que se comunique información equivocada son interminables. Invariablemente, esto trae como resultado sentimientos heridos y egos lastimados. Cuando se han despertado sentimientos, los hechos se enturbian, de manera que cualquier oportunidad para una declaración clara de los hechos debería ser bienvenida y acogida con entusiasmo. No hay duda de que habrá mucha charla sobre los «principios» y los «temas» y los «asuntos de conciencia». Por más importantes que suenen estos términos, debería intentarse identificar qué principios están en juego, cuáles son en realidad los problemas, y de qué manera está la conciencia de la persona en peligro de ser violada por el asunto presente.

Esto es importante, ya que algunos «principios», al ser examinados de cerca, demuestran ser «prejuicios», y algunos asuntos de «conciencia» demuestran que no son nada más que asuntos de conveniencia. De modo que la persona que lucha a brazo partido para evitar que haya un servicio vespertino los sábados—en principio—se sorprendería al descubrir que —en principio—podría demostrarse que el «Sábado» comienza realmente los sábados al anochecer y terminan cuando baja el sol los domingos, y que por lo tanto, un servicio los sábados tiene más sentido que el tradicional servicio de los domingos a la noche.

Resulta también útil demostrar que un principio necesita a menudo estar equilibrado por otro principio igualmente válido. De modo que el líder mencionado más arriba, que sintió—en principio—que su liderazgo estaba siendo amenazado y que, por consiguiente, las personas que cometieron la ofensa deberían ser disciplinadas, habría hecho bien en recordar que él y sus colegas estaban en el campo [misionero] —en principio—para alcanzar a los perdidos, ¡lo cual es precisamente lo que los misioneros estaban haciendo!

> **Palabras de ánimo**
>
> "$\mathcal{E}$ relacionarnos con personas 'irritables' se parece mucho a bailar con un puercoespín".
>
> **—Bob Phillips—**

Si esta línea de discusiones firmes pero justas erradicara algo del calor de la batalla e irradiara algo de luz, entraría en juego la posibilidad de concesiones mutuas. En toda situación difícil, las personas se muestran reticentes en algún momento que, por lo general, es el equivocado. Cuando se puede reconocer ese hecho, existe espacio para reconocer el error y para moverse en una dirección que se aleje de la postura previamente adoptada. El líder del campo misionero debería estar dispuesto a reconocer la eficacia del ministerio de la pareja y la pareja debería admitir su frustración y desdén ocasional por la capacidad limitada de liderazgo del líder. El líder debería brindar una mayor libertad y los seguidores deberían ofrecer un mayor respeto.

Determinemos en qué momento puede ser necesario tomar rumbos diferentes

Todo esto presupone que la persona difícil tenga un argumento que sea necesario reconocer, aun cuando su forma de expresarlo no merezca aplausos. Sin embargo, ¿qué ocurre con las personas que son constitucionalmente difíciles, que no responden ni a la razón ni a la gracia, cuyo único logro en el grupo parece ser las interrupciones constantes? Sin duda alguna, esas personas tienen como mínimo un problema espiritual y posiblemente tengan un serio defecto de personalidad también, y si se negaran a ayudar a abordar esos asuntos, tendrían que ser emplazadas firmemente en un cargo donde se minimice su impacto y donde sus problemas no puedan entorpecer la obra de Dios. Y, si fuera necesario, quizás tendrían que irse cada uno por su lado. Para Bernabé, Pablo le resultaba más difícil que Juan Marcos; se fue, entonces, por su lado. Abraham tuvo un desacuerdo con Lot por las tierras de pastoreo, así que cada uno se fue por su lado también. Y Pedro y Pablo tuvieron momentos difíciles, pero los enfrentaron. En todos esos casos, el tiempo fue el gran sanador. A veces, ésa es nuestra mejor esperanza.

capítulo dos

Grandes expectativas

¿Lo están tirando abajo las expectativas poco
realistas de su congregación?

Jackie Katz

S i he aprendido algo en treinta y siete años de ministerio
es que las congregaciones tienen expectativas no
realistas de la familia de su pastor. El hombre que está de pie
tras el púlpito los domingos representa a Dios delante de su
congregación y simboliza todo un sistema de creencias. Para
añadir aún más a su carga, se le atribuyen ciertas virtudes
por el solo hecho de su cargo y luego se espera que las
ejemplifique. Se supone que sea un líder fuerte pero no
dominante; que predique con fervor, pero que no ofenda;
que posea una gran sabiduría, pero sin nada de orgullo; y
que estudie con diligencia, pero que no descuide a su rebano.
Dicho en pocas palabras: tiene que ser casi perfecto.

Esas mismas dinámicas se esparcen sobre la vida de la
esposa del pastor. Después de todo, ella está casada con el
hombre que simboliza a Dios frente a la congregación. Él es el
«Sr. Dios» y ella es la «Sra. Dios». La iglesia piensa que ha
contratado a dos personas por el precio de una. Se espera que
la esposa sea el máximo ejemplo de amor y gracia, y el epítome
de la mujer del Proverbio 31. Se espera que ella concurra a

todos los servicios de la iglesia y se siente al frente, donde se la pueda observar fácilmente. Debe estar vestida a la moda, pero sin exagerar. Debe dirigir el coro de niños y el ministerio de las mujeres pero, al mismo tiempo, no debe descuidar a sus propios hijos. Ah, y además, debe manejar un hogar eficiente con un salario reducido. Después de todo, ¡la «Sra. Dios» es perfecta!

> ### Palabras de ánimo
>
> "*Y*o no sé qué pruebas o qué personas difíciles puedan estar enfrentando en este mismo momento, pero Dios sí lo sabe. Él nos ama. Cultivemos un espíritu de agradecimiento, aun en medio de las pruebas y los pesares".
>
> **—Billy Graham—**

Los hijos no se escapan de su cuota de expectativas tampoco. Deben comportarse mejor y ser más espirituales que los otros niños de la congregación. Deben tener la capacidad de sentarse quietos y callados durante todo el culto, sin retorcerse. No deben realizar nunca bromas infantiles y deben evitar todo pecado y tentación. Después de todo, ¡ellos son los hijos del «Sr. Dios» y de la «Sra. Dios!

Problemas desafortunados

Es por cierto absurdo que algunas congregaciones esperen que la familia de su pastor modele semejante conducta perfecta. Esos códigos tácitos de conducta, comunicados con una ceja levantada y con comentarios sutiles, son absolutamente irreales e imposibles de alcanzar. Además, existen aquellos que nos ponen sobre un pedestal y nos piden que vivamos una vida perfecta para aliviarlos a ellos de la responsabilidad de tener que vivir una vida santa. Se niegan a vivir al máximo de su potencial de santidad y desean, en cambio, expresar su virtud de manera indirecta a través de nosotros. Pero no es posible llevar a cabo la obra espiritual por los demás. Tenemos que sencillamente negarnos a llevar esa carga.

Si no dejamos ir esa carga, nos podríamos enfrentar a problemas tales como:

• El desarrollo de un espíritu de rebeldía, cuya actitud sería la de «¡ellos no me van a controlar a mí!»

• El desarrollo de un espíritu de conformidad que nos tienta a vivir un estilo de vida artificial.

• La lucha con el enojo interior que luego aparece en nuestras relaciones de pareja, con nuestros hijos y con los demás.

• La sensación de que somos inadecuadas, culpables y que hemos fracasado.

• La lucha con el desaliento que crea el suelo propicio para la tentación.

• La incorporación de la actitud destructiva de cinismo.

• La búsqueda de la aprobación de la gente, en vez de la aprobación de Dios.

• La tentación de escaparnos de nuestro ministerio presente o de sencillamente abandonar por completo el ministerio.

• El deseo de abandonar por completo la fe, antes de tener que hacerle frente a las expectativas poco realistas.

Cómo aclarar la verdad

La presión a condescender es enorme. Me he visto, muchas veces, enredada en la trampa confusa de las expectativas de la congregación. Al aplicar el versículo bíblico que se encuentra en Juan 8.32: «Conocerán la verdad, y la verdad los hará libres», he podido librarme de ese engaño. Cuando nos veamos enfrentadas a las expectativas poco realistas de la congregación es de vital importancia que busquemos la verdad y que luego nos establezcamos en ella.

La verdad sobre las expectativas

Es útil reconocer que las expectativas son parte intrínseca de la trama de todas las relaciones humanas. Todo el mundo tiene expectativas. Tenemos expectativas de la congregación y ellos tienen expectativas de nosotras. Sin embargo, al mismo tiempo que imponemos nuestras expectativas sobre nuestra congregación, resentimos las expectativas de ellos. Deberíamos comprender también que muchas de las expectativas podrían haber sido impuestas por nosotras mismas y haberse originado en nuestro propio pensamiento.

Una amiga mía que apenas comenzaba el ministerio y que estaba ansiosa por complacer a los demás, sintió que era necesario que ella estuviera vestida y arreglada a las 6 de la mañana todos los días, por si acaso viniera algún feligrés a la puerta. Esta expectativa se la había impuesto a ella misma. A veces, el peligro no estriba en el hecho de que la gente tenga expectativas de nosotras. El verdadero peligro es que nosotras aceptemos sus expectativas y tratemos de satisfacerlas. El tratar de vivir de la manera en que asumimos que los demás piensan que deberíamos vivir es muy estresante y tonto.

La verdad sobre nosotras mismas

No somos gente perfecta. Existen partes de nosotras que necesitan un cambio. Intentamos escondernos detrás de máscaras para que nadie descubra la verdad y para que no nos rechacen, pero la verdad es que Dios permite nuestra condición de seres humanos. Él sabe que habremos de fracasar; y cuando fracasamos, él está dispuesto a perdonarnos y a darnos la gracia que tanto necesitamos. De eso trata el Evangelio. Somos personas en evolución. Es mejor que nos bajemos del pedestal que nos hemos construídos y que nos neguemos a aparentar ser perfectas. A medida que aprendamos a tener paciencia y compasión por nuestras propias imperfecciones, estaremos mejor capacitadas para ministrar a los demás.

La verdad sobre los roles

Es algo arriesgado percibir el rol de la esposa del pastor como algo mas que una simple identificación, ya que a menudo esto le da origen a una mentalidad concentrada en nuestro desempeño. No es un papel que debamos desempeñar; es una función a la cual Dios nos ha llamado. El peligro es que tratemos de serlo todo para todos y que desarrollemos la ilusión de una virtud que en realidad no poseamos. El título de «esposa de pastor» no debe ser confundido con quienes somos en realidad. Como lo destaca Ruth Senter en su libro: *So You're the Pastor's Wife:* «La vida cristiana no tiene que ver con el actuar sino con el ser. No es desempeñar un rol o un papel, sino responder a la vida fuera del escenario y fuera del resplandor de las candilejas». Es mejor ser auténticas y genuinas. La gente se puede relacionar más fácilmente con las mujeres que son reales.

La verdad sobre el control

Las expectativas de la congregación no tienen por qué controlar nuestra vida. En cambio, cuando tratamos de satisfacer las expectativas de los demás y no tomamos nuestras propias decisiones, *conferimos* el control de nuestra vida a los demás. Para algunas, esto es más sencillo y más seguro. Es más difícil asumir la responsabilidad de tomar nuestras propias decisiones y rendir cuentas por ellas. Es más fácil creer la mentira que dice que alguna inquietante fuerza exterior controla nuestra vida. Nosotras podemos culpar a los demás por nuestra falta de valentía y autodisciplina, pero luego luchamos con sentimientos de resentimiento y confusión. En verdad, cuánto más satisfactorio nos resulta descubrir nuestros dones, talentos y capacidades, en vez de acceder a las presiones externas.

La verdad sobre las expectativas de Dios

Es interesante notar que la Biblia no les asigna a las esposas de los supervisores (pastores / líderes) ninguna tarea específica para desempeñar en la iglesia, pero en cambio afirma lo que se espera de su carácter. Debido a nuestra alta visibilidad, debemos ser ejemplo del buen carácter para los demás. Primera Timoteo 3.11 dice: «Así mismo, las esposas de los diáconos deben ser honorables, no calumniadoras sino moderadas y dignas de toda confianza». Éstas son las expectativas de Dios. Aparte de eso, somos como todas las demás mujeres de la congregación: debemos obedecer los mandamientos y las instrucciones que se dan en las Escrituras, utilizando nuestros dones y talentos individuales para el Señor.

El manejar las expectativas de la congregación es todo un desafío; pero cuando nos hemos propuesto utilizar los recursos que nos ha dado Dios, llevaremos nuestro mayor potencial y satisfacción a su máximo posible.

Preguntas para meditar

- ¿Me siento usada por los demás?
- ¿Podría ser la necesidad que tengo de complacer a los demás parte de mi problema?
- ¿Vivo para la gloria de Dios o para la aprobación de los demás?
- ¿Acaso está mi autoestima ligada a lo que piensan los demás de mí, o a lo que yo hago, o a lo que Cristo piensa de mí?
- ¿Soy proactiva en la definición y formación de mi ministerio?
- ¿El no establecer los límites necesarios limita mi eficacia?
- ¿He aceptado solamente las tareas que me ha asignado el Señor?

capítulo tres

¿Acaso la están enfermando
Sus Relaciones?

Shelly Esser

*U*n par de años atrás, recibí una llamada telefónica de una mujer turbada que no tenía a quién recurrir. Ella había obtenido mi nombre y número de teléfono en un folleto donde figuraban los datos de conferenciantes, y me explicó que la razón por la cual me había elegido era que yo «le parecía simpática». Entonces comenzó una «relación telefónica» semanal que duró todo el año y que comenzó a socavar toda mi energía emocional y espiritual. Cada vez que yo le ofrecía consejos para ayudarla a resolver algún problema, ella disparaba alguna excusa por la cual eso no funcionaría. Muy rápidamente me di cuenta de que ella no deseaba en realidad ayuda; lo único que quería era poder quejarse a alguien. Su espíritu de crítica de los demás y de cada iglesia a la que había jamás asistido comenzó a desgastarme al punto en que ya no deseaba atender el teléfono por temor a que fuera ella. Deseaba estar a la disposición de Dios para ayudarla, pero como ella no estaba interesada en mejorarse, era muy poco lo que yo podía hacer. Habiendo agotado todos mis recursos, tomé la difícil decisión de finalizar, con suavidad y afecto, la relación.

A pesar de que ministrar a los necesitados es por cierto una parte integrante de lo que debemos hacer como seguidores de Cristo, necesitamos tener cuidado de que esas relaciones no se conviertan en algo malsano que drena toda nuestra energía emocional y que afecta en forma negativa nuestra salud. La imposibilidad de separarnos de los problemas de los demás tiene el potencial de enfermarnos, tanto emocional como físicamente. Durante mis intentos por ayudar a esa mujer, me di cuenta de que mi nivel de estrés ascendía cada vez que sonaba el teléfono, ya que anticipaba otra sesión agotadora sin ninguna mejora aparente.

Una manera en que podemos cuidarnos a nosotros mismos cuando estamos lidiando con los demás es aprendiendo a manejar bien nuestras relaciones. Como los que ministran se pueden convertir fácilmente en el blanco de la conducta malsana de los demás, he descubierto que es útil rodearse de un círculo íntimo de relaciones sanas que nos dé energía. Si observamos el ministerio de Jesús, veremos que él hizo exactamente lo mismo. Él tenía su círculo íntimo: Pedro, Santiago y Juan. En medio de las enormes necesidades que lo rodeaban, a menudo él se retiraba con su círculo de amigos más cercanos. A pesar de que no se nos dice en qué consistían específicamente sus conversaciones, me imagino que ellos se daban mucho ánimo y apoyo mutuo.

A través de los años, he sido maltratada por las personas difíciles a quienes he ministrado. Por esa razón, me he rodeado de tres o cuatro mujeres sanas cuya contribución a mi vida me ha ayudado a mantenerme sana, no sólo emocionalmente, sino también física y espiritualmente. Éstas son algunas de las maneras en que mi círculo de amigas íntimas lo han llevado a cabo:

Palabras que sanan

Son mujeres que, cuando nos reunimos, le dan *vida* a mi alma. El Proverbio 16.24 dice: «Panal de miel son las palabras amables: endulzan la vida y dan *salud* al cuerpo». Estas mujeres alimentan mi espíritu trayendo salud mediante las palabras sabias, reconfortantes y verdaderas que pronuncian. Son mujeres cuyas palabras siempre apuntan hacia Dios y sus soluciones para mi vida.

Humor

Seamos honestas, el ministerio puede ser a veces una carga y todas tenemos momentos en los que, especialmente si estamos exhaustas por ayudar a los demás, necesitamos un recreo. El Creador, en su increíble sabiduría, nos dio la risa para poder cambiar de ritmo y para interrumpir la monotonía de la vida con alegría. El Proverbio 17.22 dice que: «Gran remedio es el corazón alegre, pero el ánimo decaído seca los huesos». Mi círculo de amigas íntimas me ha brindado un lugar donde puedo aprender a ver el lado humorístico de la vida diaria y sus problemas. Me han ayudado a no tomar demasiado en serio a los demás, o incluso, a mí misma, y me han ayudado a mantener una actitud positiva mediante el ejercicio de mi fe en un Dios que se ocupa de todo lo que me aflige. A medida que he podido encontrar el humor en las cosas, ¡he descubierto que es una excelente terapia para mi corazón!

> **Palabras de ánimo**
>
> *"El* enemigo de nuestra alma no desea que nuestras relaciones funcionen. Él sabe que si se destruyen nuestras relaciones, lo mismo le sucederá a nuestra fuerza y eficacia".
>
> **—Stormie Omartian—**

Límites

Cuando se trata de ministrar a los demás, estas mujeres me han ayudado a establecer límites y demarcaciones saludables. Esto puede resultarnos algo difícil a algunas de nosotras, ya que se nos ha programado para que pensemos que necesitamos entregarnos a los demás *cueste lo que cueste*. La esposa de un pastor lo resumió muy bien: «En el ministerio, a menudo estamos tan consumidas por el funcionamiento del mismo y tan concentradas en las necesidades de los *demás*, que descuidamos demasiado nuestras propias necesidades, ni siquiera tomando conciencia de que existen».

Los autores Henry Cloud y John Townsend dijeron en uno de sus libros sobre límites que «los límites apropiados en realidad aumentan nuestra capacidad de cuidar a los demás». Para mí, esto ha significado que debo limitar la cantidad de personas necesitadas a las que puedo ministrar a la vez, de manera que pueda ser más efectiva en general. Mi círculo íntimo lleva la cuenta de ello.

Cuando observamos de cerca el ministerio de Jesús a los necesitados, descubriremos que él no sanaba a todos los enfermos, no satisfacía todas las necesidades, no resucitaba a todos los muertos y no alimentaba a todos los hambrientos. A pesar de que muchas vidas necesitaban aún su toque, él podía descansar, ya que sabía que había completado toda la obra que le había encomendado su Padre (Juan 17.4). Me resultó un alivio darme cuenta de que yo había también realizado todo lo posible por esa mujer.

De hecho, si no tenemos cuidado, cuando tratamos de hacerlo todo por todos, podríamos obstaculizar lo que Dios desea lograr en la vida de ellos. No podemos ser Dios para ellos; sólo Dios puede serlo. Si lo intentamos, es posible que nos enfermemos durante el proceso. No podemos *arreglar* a todos, y no es realista pensar que lo podamos hacer. En muchos casos, sospecho que el ministerio se prolonga más de lo que debería prolongarse, fomentando así una conducta malsana. Necesitamos ser sensibles a lo que Dios desea hacer en la vida de aquellos a quienes esté ministrando y salirnos del paso. Eclesiastés 3.1-8 lo atestigua: «Todo tiene su tiempo, y todo lo que se quiere debajo del cielo tiene su hora... tiempo de abrazar, y *tiempo de abstenerse* de abrazar; tiempo de buscar, y *tiempo de perder;* tiempo de guardar, y *tiempo de desechar;* tiempo de romper, y *tiempo de coser;* tiempo de callar, y *tiempo de hablar».* El establecer límites simplemente nos ayuda a no vernos abrumados por las cosas que agotan nuestra eficacia.

Dios provee para nosotros dándonos amigos (Eclesiastés 4.9-12). Continuamente, él utiliza mi círculo íntimo para mantenerme sana en todos los aspectos de mi vida. ¿Tienen ustedes un círculo de amigas íntimas que les ayuden a mantenerse sanas? Cuando se trata de ministrar a las personas difíciles en su vida, ¿han podido establecer algunos límites? Nosotras mismas somos las únicas personas que pueden manejar y ocuparse de las relaciones en nuestra vida. Tomen hoy mismo la decisión de crear un círculo íntimo de relaciones sanas. ¡Será una de las decisiones más saludables que puedan tomar jamás!

capítulo cuatro

¿Usted puede perdonar a las *personas* *Difíciles de su Vida?*

Golden Keyes Parsons

Conflictos: ¡los odio! Confrontaciones: ¡las evito! Perdonar: ¿acaso tengo que hacerlo? Pero, si yo tengo razón y ella está equivocada. No existe razón alguna para este conflicto. Él tendría que disculparse. Yo no he hecho nada malo.

Sea cual sea la razón, ha ocurrido un problema. Ahora tengo las siguientes opciones: ¿Perdono libremente y avanzo con amor y aceptación… o lanzo con furia dardos de defensa y me refugio detrás de un muro de reclusión, soberbia y lamentable orgullo?

Como mujer de pastor, teniendo a la misma vez un ministerio propio, me parece que mi esposo y yo hemos tenido nuestra cuota de personas difíciles junto con la oportunidad de permitir que el Señor nos enseñe cómo responder y resolver los conflictos.

Mi suegra era una mujer piadosa que me enseñó mucho. Cuando recién me acababa de casar, ella y yo estábamos paradas en la cocina de nuestro pequeño apartamento en Colorado Springs. Aún recuerdo el resplandeciente sol de la tarde que brillaba por encima de la cumbre del Monte

Cheyenne en ese fresco día de otoño. Estábamos conversando sobre una situación del momento en la cual había conflictos entre nosotros y la pareja que estaba justo debajo de nosotros. Mi suegra me dijo: «Querida, la mayoría de las personas no buscan lastimarte. Simplemente no piensan y son insensibles».

Unos años después, cuando avanzamos en el ministerio, comencé a darme cuenta de cuán cierto era aquello. Las demás personas están tan envueltas en su propia vida que, sin querer, dejan algunos gestos sin expresar. Tienen la intención de enviar esa tarjeta o de invitarnos a cenar, pero nunca les llega el momento de hacerlo. O se dice una palabra sin pensar. La mayoría de las veces no es más que eso: una acción impensada que no tiene la intención de dañar a nadie. Por lo tanto, lo primero que debemos hacer para resolver los conflictos es no ofendernos cuando ésa no haya sido la intención.

> **Palabras de ánimo**
>
> "*El* que afirma que está en la luz, pero odia a su hermano, todavía está en la oscuridad".
>
> –1 Juan 2.9–

¿Pero qué ocurre cuando ha habido obviamente una ofensa? Las Escrituras muestran claramente el camino que debemos tomar. Ya sea que nos hayan ofendido a nosotros (Marcos 11.25) o que nosotros hayamos ofendido a los demás (Mateo 5.23-24), la amonestación es que perdonemos y amemos. El pasaje de Mateo dice que debemos dejar nuestra ofrenda en el altar para ir y reconciliarnos primero con nuestro hermano. Luego podemos regresar y presentar nuestra ofrenda. Sin embargo, ¿cómo expresamos estos principios tan formales y floridos en la manifestación diaria de nuestra fe? Debemos perdonar—y el verdadero perdón es poner a alguien en libertad. «El señor se compadeció de su siervo, le perdonó la deuda y lo dejó en libertad» (Mateo 18.27).

La palabra griega que figura en el pasaje de Mateo 18 es *apoluo*, lo cual significa poner completamente en libertad, liberar, dejar partir, soltar. ¿Perdonar y olvidar? Eso es lo difícil. No es humanamente posible que el recuerdo de la ofensa se borre completamente de nuestra mente. ¡No se nos ordena que desarrollemos una amnesia espiritual! Se nos ordena que no sigamos ofendidos con la persona. Que entreguemos a la persona que nos haya lastimado al Padre, confiando en que él se ocupará de la situación. No debemos mantener al ofensor en nuestra prisión personal de deudas. Ésa no es nuestra tarea. Nuestro deber es liberar.

Cuando aprendí que perdonar es poner en libertad, soltar, eso fue para mí algo muy liberador. Sentí que podía hacerlo. Aun cuando las heridas estén aún abiertas, puedo entregarlas a mi Padre celestial. Cada vez que siento la tentación de volver a tomarlas, las vuelvo a entregar. Poco a poco, las emociones comienzan a sanarse, y el Espíritu Santo comienza a reemplazar las heridas con su amor. El perdón fluye y penetra en mí, reemplazando mis defensas.

Gracias a que el Padre me ha perdonado, ahora es mi responsabilidad extender ese perdón a los demás. Para mí, perdonar es un asunto de obediencia. Es un asunto entre mi Padre y yo, no un asunto entre el ofensor y yo. «Más bien, sean bondadosos y compasivos unos con otros, y perdónense mutuamente, así como Dios los perdonó a ustedes en Cristo» (Efesios 4.32).

Sin embargo, es importante tomar conciencia del dolor. David clamó al Señor en los Salmos. Job ventiló sus quejas. Jeremías registró su dolor en Eclesiastés [¿Lamentaciones, quizás?]. Expresemos nuestro dolor en oración o escribiéndolo en nuestro diario. Pero luego entreguémoslo al Padre y dejémoslo ir.

Si no intentamos resolver los conflictos, comenzarán a formarse semillas de amargura en lo profundo de nuestra alma. Charles Swindoll, en su libro *Growing Strong in the Seasons of Life*, dice: «(Jesús) dijo que los que nos neguemos a perdonar—los que vivamos en la bilis propia de la amargura—seremos víctimas de torturas (Mateo 18), lo cual significa que sufriremos tormentos interiores... Nos encerramos en una celda de reclusión solitaria, amurallados por nuestra propia negación a perdonar. Por vuestro bien, permítanme instarlos a que pongan de lado, en este mismo momento, toda amargura. La ruta de escape está claramente demarcada. Nos conduce a la Cruz... Allí donde se encuentra el Único que tuvo alguna vez el derecho de amargarse, y no lo hizo».

Las ofensas que más nos cuesta perdonar son las situaciones que «no están bien». Es posible que hayamos sufrido una injusticia, o que hayamos sido insultados o acusados injustamente. Aun así, debemos perdonar.

A mediados de los años ochenta, estábamos en un ministerio que amábamos y en el cual teníamos mucho éxito. En cuestión de unos pocos meses, se vendió esa rama en particular de la organización evangelizadora más grande... y nos despidieron, aun cuando nos habían dicho que no habría cambios en el personal. Ya no necesitaban nuestros conocimientos y nuestra experiencia dado que, bajo el mando del nuevo propietario, el enfoque del ministerio había cambiado. No podíamos encontrar a nadie que deseara emplearnos. Mi esposo fue a trabajar como un peón común y corriente en un campo de arándanos. Yo comencé a trabajar como maestra suplente. Todos nosotros hicimos todo lo que pudimos para alimentar y darle un techo a nuestra familia. Esa situación se prolongó durante siete años.

Durante esa época, un amigo nos aconsejó que no nos amargáramos. Al examinar nuestro corazón, nos dimos cuenta de que eso era exactamente lo que nos había ocurrido.

Mi esposo concertó una cita con el señor que había comprado el ministerio—el ministerio que habíamos ayudado a construir desde abajo—y se humilló y le pidió que lo perdonara. Lo que habían hecho y la forma en que había sido hecho no era la «correcta», pero nosotros habíamos permitido que nos invadiera la amargura. Perdimos nuestra carrera, nuestro ministerio y nuestro hogar. Sin embargo, Dios deseaba enseñarnos algunas cosas y, por lo tanto, lo había permitido. Hoy día, alabo a Dios por lo que hemos tenido que pasar.

Cuando intentemos tratar con personas difíciles y pedirles perdón, mi advertencia es que busquemos la dirección del Señor para saber cuál es el momento más oportuno para hacerlo y que nos aseguremos de que nuestro corazón está arrepentido. Debemos «hacernos cargo» del problema. Si vamos diciendo algo así como: «Ha habido un problema entre nosotros porque tú me crispas los nervios», no creo que exista la posibilidad de una reconciliación. Debemos acercarnos con un corazón contrito y asumiendo la responsabilidad por la ofensa.

Nuestra respuesta al conflicto es muy importante. ¡La respuesta correcta no es disparar y luego refugiarnos detrás de una muralla de defensa, sino perdonar y avanzar con amor! «Por lo tanto, como escogidos de Dios, santos y amados, vístanse de afecto entrañable y de bondad, humildad, amabilidad y paciencia, de modo que se toleren unos a otros y se perdonen si alguno tiene queja contra otro. Así como el Señor los perdonó, perdonen también ustedes. Por encima de todo, vístanse de amor, que es el vínculo perfecto» (Colosenses 3.12-14).

capítulo cinco

Cómo llegar a comprender el
Carácter Torcido

¿Tiene la persona difícil en su vida un trastorno de la
personalidad?

Ingrid Lawrenz, MSW

¿*E*xisten personas en su vida, su iglesia o su familia
con las cuales es siempre difícil tratar? ¿Son personas
que siempre tienen problemas o que están siempre rodeadas
de situaciones de crisis? ¿Consumen ellas gran parte de su
tiempo y energía emocional, y a pesar de ello, nunca parecen
aprender de los errores pasados? ¿Acaso son incapaces de
aceptar hasta la más pequeña de las críticas o confrontaciones,
y se niegan a asumir ninguna responsabilidad? ¿Carecen de
simpatía por usted? ¿Lo aman, necesitan y admiran un día y
luego se enfurecen por todas sus fallas al día siguiente? ¿Se
aleja usted alguna vez caminando, pensando que se está
volviendo loco, o que ellos deben vivir en otro planeta?

¿Ha considerado alguna vez la posibilidad de que esa
persona tenga un trastorno de su carácter o personalidad? Se
calcula que entre un 16 y un 20 por ciento de la población de
los Estados Unidos sufre algún trastorno de carácter. Sin
embargo, rara vez mencionamos estos trastornos y pocas
personas, incluyendo a los creyentes, comprenden estos
problemas. A pesar de que son muy comunes, los trastornos

de la personalidad son crónicos, complejos, insidiosos, evasivos y variados, lo cual hace que sean muy difíciles de tratar.

En realidad, la última persona que reconoce el trastorno es a menudo la persona que lucha con él, ya que le parece que ser de esa manera es lo normal. Por lo general no desean que nadie los ayude, porque no es algo que les moleste—sólo les molesta a los demás. Lo típico es que culpen a los demás por los problemas en su vida, ya que les resulta muy difícil enfrentar el dolor que sienten dentro.

> **Palabras de ánimo**
>
> "*S*i es posible, y en cuanto dependa de ustedes, vivan en paz con todos".
>
> **–Romanos 12.18–**

Los trastornos de la personalidad son malsanos e infructíferos. Son características que se repiten y que conforman la personalidad de una persona. Son innatos, en parte, pero mayormente adquiridos. Consisten en la manera en que una persona piensa, siente, se relaciona e interpreta a la gente y al mundo que la rodea. El carácter de la persona está torcido. Parece como que este mundo pecaminoso hubiera moldeado y deformado el carácter mismo de ciertas personas, hasta llegar al punto en donde ya quedan crónicamente ladeados.

Donde se lo percibe con mayor facilidad es en el criminal que es cruel, rechaza la ley y la autoridad, y no siente ninguna compasión por aquellos a quienes lastima. Sin embargo, aquél individuo que se siente crónicamente como una víctima, o el paranoico que desconfía de todos, o el ermitaño que no se relaciona con nadie, o el narcisito que cree que él siempre tiene razón y que es mejor que los demás, o el perfeccionista que se preocupa más por el orden, las reglas y las cosas, que por las necesidades emocionales de sus propios hijos son personas que están también torcidas.

Los programas de televisión aman las tragedias, y las personas con trastornos de la personalidad las crean a montones. Nos reímos cuando vemos a los hermanos narcisistas en la comedia de televisión «Frazier» o nos impresiona la relación de amor y odio en la película «Atracción Fatal». Los programas de noticias presentan a menudo caracteres tales como los asesinos del Colegio Columbine, el Unibomber, personajes famosos superficiales, dictadores malvados, o funcionarios del gobierno que actúan "por encima de la ley".

Existen diez tipos diferentes de trastornos de la personalidad (véase el final del capítulo). Sin embargo, no es sabio determinar un diagnóstico por cuenta propia. Es mejor reconocer que existe un problema y buscar ayuda profesional.

El tratamiento para los trastornos de la personalidad es esencial, pero difícil. A menudo existen algunos gastos que provienen de nuestro bolsillo, ya que las compañías de seguro muy pocas veces cubren la totalidad del tratamiento, a menos que la persona tenga algún otro problema como depresión o ansiedad. Según la gravedad del trastorno, se necesita por lo general una terapia a largo plazo (de uno a cinco años). Sin embargo, la gente con trastornos de la personalidad no se somete comúnmente a la ayuda médica o psicológica porque carecen del deseo, la fuerza, la sabiduría o la confianza que son necesarios para realizar un cambio de vida profundo y duradero. Por tanto, la motivación para una intervención exitosa es de crucial importancia.

La terapia de grupo es particularmente útil ya que la persona recibe la información y reacción de diversas personas, lo cual hace que el «desvío» de su carácter se convierta en algo más real. Los grupos suministran también el apoyo y el estímulo que la persona necesita para implementar los cambios. La gente que se atiene a la terapia tiene por lo general resultados positivos que les cambian la vida.

Si piensa que usted está tratando con una persona que tiene un trastorno de la personalidad, hágase estas preguntas:

- *¿Da él o ella la impresión de que perciben el mundo de manera diferente a los demás?*
- *¿Comenzaron los problemas hace mucho tiempo?*
- *¿Carecen él o ella de la capacidad de resolver los asuntos difíciles de su vida?*
- *¿Tienen otras personas problemas similares con esta persona en particular?*
- *¿Afecta la conducta de esta persona de manera negativa a los aspectos más importantes de su vida?*
- *¿Han fracasado sus frecuentes intentos de ayudar?*

Si su respuesta a por lo menos dos de las preguntas más arriba es positiva, considere tomar los siguientes pasos:

1. Envíe a la persona a un profesional que le brinde ayuda.

2. Usted mismo/a busque la ayuda de un profesional para poder aprender cómo lidiar y hacerle frente a los problemas relacionados con ese trastorno de la personalidad en particular.

3. Establezca límites firmes y coherentes para protegerse y evitar el agotamiento.

4. Cambie sus expectativas:

- Es posible que nunca logre tener una relación íntima y mutua con esta persona.
- Usted no podrá componer o cambiar a esa persona.
- Las discusiones, la lógica y las súplicas no ayudan para nada.

• Los conflictos y las confrontaciones no se resolverán fácil o pacíficamente.

5. No se una a los vaivenes de la otra persona. Sálgase del drama. Niéguese a desempeñar el papel de víctima, perseguidor o libertador. Si no lo hace, el drama continuará mientras usted cambia continuamente de roles. En cambio, manténgase firme y estable.

6. Ore por la persona. Pida que Dios la ayude a ver su problema y que le proporcione la fortaleza, los recursos y la valentía de lograr un cambio en su personalidad.

En caso de que usted se vea a *usted mismo/a* en las descripciones de los trastornos de la personalidad, le ruego que busque ayuda. Me imagino que debe de estar cansado/a de luchar con su dolor y frustrado/a, ya que se siente atascado en los mismos problemas de siempre, una y otra vez. Dios puede tomar un corazón abierto, humilde y arrepentido para comenzar a obrar en nuestra personalidad. Él promete que no habrá de romper la caña quebrada, y que enderezará nuestros caminos. Nos dará el poder y la fuerza para renovar nuestra mente y para convertirnos en una nueva creación en Cristo. Un cambio profundo de carácter es, después de todo, parte del proceso de santificación.

Ciertas experiencias difíciles o tempranas le han enseñado a pensar y a comportarse de una manera acorde a esas circunstancias y le han ayudado a sobrevivir. Ahora, sin embargo, esos modelos rígidos ya no tienen cabida en su vida y lo paralizan.

Por favor, tómese el tiempo que necesite para sanarse. Es un proceso de reeducación, algo así como otro título universitario. Busque los buenos consejos de un terapeuta que esté adiestrado para tratar los trastornos de la personalidad.

Clases de trastornos de la personalidad

Personalidad fronterizo: Inestabilidad emocional; sentimientos intensos; se pueden lastimar a sí mismos o ser suicidas; impulsivos; aterrorizados del abandono; se sienten vacíos; víctimas; relaciones intensas: alternan entre ver a los demás como totalmente buenos y luego totalmente malos; intensa ira crónica; dependen de la hostilidad; tienen dificultad para dormir; están deprimidos.

Narcisistas: Carecen de empatía; importancia propia exagerada; necesita la admiración de los demás y ser especial; arrogantes; no pueden tolerar las críticas; competitivos y envidiosos; usan a la gente.

Histriónicos: Excesivamente emocionales; buscan llamar la atención; teatrales; infantiles; superficiales; seductores; las apariencias lo son todo.

Esquivos: Inhibidos socialmente; ansiosos; temerosos; ultra sensibles al rechazo o la desaprobación; sentimientos de insuficiencia; evitan involucrarse o arriesgarse a menos que estén seguros de que los demás los aceptan.

Dependientes (a menudo codependientes): Tienen dificultad en iniciar o tomar decisiones; buscan demasiados consejos; necesitan que los cuiden; sumisos; temen la separación o el rechazo; dispuestos a conformarse con migajas; manipuladores; ignoran su propio potencial; víctimas.

Obsesivos-compulsivos: Preocupados por los detalles, el orden, las reglas y la perfección. Excesivamente dedicados al trabajo y la productividad; fríos; poco emotivos; controladores; rígidos; obstinados; guardan todo; demasiado escrupulosos.

Paranoicos: Constante falta de confianza; sospechan de todos; enojados; no perdonan; interpretan los motivos ajenos como malvados.

Ezquizoides: Carecen de emociones; solitarios; pocos placeres o ninguno.

Esquizotípico: Pensamientos, creencias y experiencias inusuales y distorsionados; excéntricos; tienen o necesitan pocas relaciones; socialmente ansiosos.

Antisociales: No observan la ley; embusteros; impulsivos; irresponsables; irritables e indiferentes a los sentimientos o derechos de los demás; no manifiestan ningún remordimiento; arrestos frecuentes.

capítulo seis

La trampa de la boca

La lengua desatada tiene la capacidad de generar
grandes dificultades interpersonales.

Jill Briscoe

odemos hacer muchas cosas con nuestra lengua,
tanto para bien como para mal. Jesús dijo: «De la
abundancia del corazón habla la boca. El que es bueno, de
la bondad que atesora en el corazón saca el bien, pero el
que es malo, de su maldad saca el mal» (Mateo 12.34-35).

¡Pienso que todos nosotras, en algún momento de
nuestra vida, nos hemos querido cortar la lengua! Una amiga me compartió uno de esos momentos. Ella pertenecía a
una pequeña iglesia muy retirada en la campiña inglesa. Los
feligreses tenían el problema de no saber qué hacer para
atraer visitantes. Probaban esto y aquello, pero nada funcio-
naba. Luego, felizmente un día, vinieron unos visitantes. Eran
sólo tres personas: dos mujeres y un niño pequeño.

La comunidad a la que pertenecía mi amiga no tenía
un pastor propio, ya que no era lo suficientemente grande

Nota del editor: Los expertos que tratan el tema de las personas problemáticas, infor-
man que la mayoría de los conflictos entre los cristianos raramente ocurren a causa de
asuntos de doctrina. Son, por lo general, el resultado del mal uso de la lengua. Traten de
leer este capítulo con su grupo de mujeres para hablar y orar sobre él.

como para poder financiar a un predicador, de modo que un grupo de oradores se turnaba cada semana para hablar desde el púlpito. Ese día en particular, ¡el predicador era espantoso! Mi amiga estaba muy entusiasmada con la presencia de los visitantes, pero observó cómo ellos miraban a su alrededor y no se quedaban quietos. Ella pensó: *¿Por qué habrán venido esta semana?* No bien finalizó el culto, ella se aproximó rápidamente a ellos y les dijo: «Estoy tan contenta de que estén aquí. Nos encanta tener visitantes, pero deseo disculparme por el orador invitado. ¡Generalmente nunca son tan aburridos!»

> ### Palabras de ánimo
>
> *«Le* lleva mucho tiempo a Dios conseguir que dejemos de lado esa forma de pensar que a menos que todos los demás vean las cosas de la misma manera que nosotros, deben estar equivocados».
>
> **–Oswald Chambers–**

Una de las mujeres soslayó una sonrisa y respondió: «Él es mi esposo, y ésta es su hermana».

Mi amiga se quedó boquiabierta, sin saber qué decir: «Ay, mi Dios, cuánto lo siento».

Y la mujer, en forma cortante, le respondió: «¡Yo no!» Y ése fue el final del asunto.

Muchas de nosotras, a un cierto grado, hemos tenido el problema de «meter la pata». Santiago nos dice que la religión verdadera debería y debe afectar la lengua.

Recién acabábamos de disfrutar la visita de dos de nuestros doce nietos. Como toda abuela orgullosa, pienso que mi nieto de seis años es un niño perfecto de seis años, y que el de cuatro años es un niño perfecto de cuatro años. Son «perfectos» con respecto a la etapa en la que se encuentran. Como cristianos, nuestras palabras reflejan nuestra madurez espiritual. Hasta un niño de seis años puede controlar su lengua. Quizás no lo crean así, pero en mi experiencia, el niño de seis años a quien le hayan dicho que no diga malas palabras, tiene la capacidad de obedecer.

Pablo, al escribirles a los corintios, dijo: «Cuando yo era niño, hablaba como niño, pensaba como niño, razonaba como niño; cuando llegué a ser adulto, dejé atrás las cosas de niño» (1 Corintios 13.11). En esencia, lo que decía era: «Un día, crecí». Desafortunadamente, algunos cristianos son algo infantiles. Aún hablan como niños pequeños. Quizás hayan sido cristianos durante muchos años, pero nunca han crecido espiritualmente. Podemos percibirlo por el hecho de que no pueden controlar su lengua.

Tenemos en nosotros un deseo innato de usar nuestra lengua para hablar con maldad, porque somos malos de corazón. A pesar de que Cristo nos ha dado, mediante gracia, su naturaleza, nuestra vieja naturaleza cada tanto se descontrola y predomina. Por lo tanto, necesitamos medir nuestras palabras. Santiago 3.9 dice: «Con la lengua bendecimos a nuestro Señor y Padre, y con ella maldecimos a las personas, creadas a imagen de Dios».

El lenguaje impuro puede tomar diversas formas. Una de ellas es el chismorreo: la repetición innecesaria de los defectos reales o imaginarios de los demás o de los detalles íntimos de su vida. Alguien dice: «No se lo digas a nadie; necesita permanecer confidencial». Sin embargo, lo propagamos—a menudo, se lo decimos a la próxima persona con la que hablamos. «La gente chismosa revela los secretos; la gente confiable es discreta» (Proverbio 11.13). Lo que necesitamos es ser discretas y decir: «O encuentro algo agradable para decir o me callo la boca». Por lo general, los chismes hacen sufrir al inocente y hacen que el perdonado se pregunte si lo han verdaderamente perdonado. La razón por la cual el chismorreo nos afecta tanto es porque está relacionado con la maldad y las represalias.

Si somos víctimas de una lengua maliciosa, o sea que no es nuestra lengua la que ha estado causando el problema, ¿qué debemos hacer? Bueno, el Apóstol Pablo había sido el blanco de chismes, insultos y acusaciones falsas, sin embargo, le pudo decir a la iglesia en Corinto: «Por mi parte, muy poco me preocupa que me juzguen ustedes o cualquier tribunal humano; es más, ni siquiera me juzgo a mí mismo. Porque aunque la conciencia no me remuerde, no por eso quedo absuelto; el que me juzga es el Señor» (1 Corintios 4.3-4). Él no dice que sea inocente de todo mal, sino que dice que el juicio humano es falible, de modo que no va a permitir que lo afecten las críticas de los demás.

Cuando me critican, me doy cuenta de que lo que me ayuda es averiguar de dónde provienen las críticas. A veces, mis críticos tienen algún interés personal en el asunto. Es posible que estén pasando por algo muy difícil, y se la agarren conmigo. Pablo dijo: «A mí, en lo personal, no me importa si ustedes... se ponen a averiguar si hago bien o mal (si soy un buen siervo de Dios o no) (1 Corintios 4.3, BLS). Todo depende de quiénes sean *ustedes*. En el caso de Pablo, él consideraba la fuente y se daba cuenta de que lo atacaban personas celosas y hostiles que estaban firmemente atrapadas en la trampa de la boca. Pablo estaba entregado a Dios, quien es el que juzga los motivos del corazón humano.

Cuando me critican, puedo confiar sólidamente en Dios, ya que él sabe por qué me están atacando y cómo me siento con respecto a ello en mi corazón. Él es estrictamente justo. Si mi conciencia está limpia, puedo dejar todo el asunto en sus manos, sabiendo que algún día me defenderá. ¡No necesito adelantarme al juicio final! De modo que si algún ser humano me está juzgando, yo no debo juzgar al mismo tiempo. ¡Existe un solo trono de justicia, y ya está totalmente ocupado!

Otro uso equivocado de la lengua son las calumnias. El que calumnia critica el aspecto o la conducta de los demás y propaga indirectas o críticas sobre ellos. De acuerdo con Santiago, esta clase de palabras están «llenas de veneno mortal» (3.8). En Romanos 3.13, Pablo hace eco diciendo: «¡Veneno de víbora hay en sus labios!» En las calumnias siempre existe una cuota de verdad, y eso es lo que hace que sean tan peligrosas. Son una exageración de los defectos ajenos; una alteración de la realidad. A pesar de que pueden no ser un engaño directo, al dejar fuera algunos detalles e incluir otros, tergiversan los motivos y las acciones de la persona.

Diciendo algo así como: «Bueno, pero en realidad no conocemos todos los hechos, ¿verdad?», podemos detener las calumnias. O podemos decir: «¿Por qué no averiguamos lo que realmente sucedió?» O: «Vayamos y preguntemos a la gente involucrada si esto fue realmente así». Recordemos que a menudo se alude al diablo como el acusador. Pongamos atención de no estar llevando a cabo su obra.

Si «de la abundancia del corazón habla la boca» (Mateo 12.34), lo único que podemos hacer es pasar mucho tiempo a solas con el Señor Jesús, de modo que nuestro corazón se llene de la abundancia de su amor y de su sabiduría. La copa que contenga agua dulce, no podrá derramar una sola gota amarga, aun cuando la agitemos. Cuando la gente lo escuchaba hablar a Jesús, se asombraban de sus palabras y decían que estaban llenas de gracia. Pido a Dios que siempre puedan decir lo mismo de nosotras.

Extracto de 8 Choices That Can Change a Woman's Life *por Jill Briscoe (©1994. Utilizado con permiso de Harold Shaw Publishers, Wheaton, Il 60189.)*

capítulo siete

Cómo luchar en
Contra de la Amargura

Aprendan a transformar la amargura en bendición.

Holly Kelleher Owens

Numerosos domingos por la tarde, una gran cantidad de pastores cansados vuelven a su casa con la esperanza de encontrar allí su santuario. Cuando llegan, encuentran a su esposa ansiosa por escuchar todos los detalles de lo ocurrido durante el día. Desafortunadamente, todas las buenas noticias sobre el culto lleno del Espíritu, sobre la gran cantidad de nuevos creyentes, y sobre las alentadoras conversaciones en la escuela dominical quedan relegadas a un segundo plano no bien se menciona lo ocurrido durante un encuentro negativo.

No hace mucho tiempo, mi esposo, quien es un pastor asociado, recibió un email de un anciano quien, con toda vehemencia, criticaba el culto de esa semana y que, indirectamente, criticaba también a mi esposo. El anciano les había enviado copias del email a todos los miembros del personal de la iglesia para probar su punto. A pesar de que muchos emailes positivos y entusiastas durante la semana superaron a esa misiva negativa, su mensaje dañino se me había quedado adherido como pegamento. No podía poner de lado ni el tema ni dejar tranquilo a mi marido. Lancé lo que yo pensaba y defendí ardorosamente a mi esposo delante de un jurado invisible. Por último, me sumí en el dolor que sentía frente a lo cruel que podía ser el ministerio.

Sé que no estoy sola. Todas las mujeres que están en el ministerio poseen relatos similares, algunos estimulantes y otros desalentadores, de cómo la iglesia les ha aportado alegrías inimaginables, pero también penas monstruosas. Nos hemos pasado innumerables horas llorando juntas, permitiendo, sin darnos cuenta, que la amargura rodeara nuestras almas.

Con el tiempo, comencé a sentir que mi esposo se estaba frustrando con mis quejas. Él deseaba que yo fuera honesta, pero me señaló que lo único que yo hacía últimamente era quejarme del ministerio. ¿Dónde había quedado mi gozo? Me di cuenta entonces que mi amargura estaba comenzando a afectar mi actitud, además de contaminar la de mi esposo. Mi hogar, el cual solía ser un remanso de paz, se estaba convirtiendo cada vez más en un campo de batalla. Con furia, yo estaba alimentando el fuego de la negatividad.

Al dedicarle tiempo a la lectura de la Palabra de Dios, sentí convencimiento y obtuve dirección. Cuando leí en el Nuevo Testamento sobre los cristianos de aquella época y las instrucciones que les habían sido dadas por escrito, descubrí un modelo que podía seguir en mi propia vida. Cuando imité su ejemplo en tres áreas específicas de mi vida, estuve mejor equipada para luchar contra el enemigo de la negatividad que es el que le da origen a la amargura. Primero, me di cuenta de que cuando surgen los conflictos, no debería desalentarme ni sentirme derrotada. En cambio, como cristiana, debería estar esperándolos. El Apóstol Pedro nos recuerda:

«Queridos hermanos, no se extrañen del fuego de la prueba que están soportando, como si fuera algo insólito» (1 Pedro 4.12). Los cristianos del primer siglo debían tener siempre presente que los problemas y los conflictos son inevitables debido al poder del diablo y los estragos que hace el pecado humano. Este tema sigue siendo algo muy real hoy día.

Si somos honestas con nosotras mismas, muchas creemos en secreto que el convertirnos al cristianismo equivale a no sufrir. Esto no sólo contradice a la Biblia sino que, cuando llegan los problemas y dificultades, sufrimos desilusiones, decepciones y lástima por nosotras mismas, todo lo cual nos debilita para la batalla. De acuerdo con el Dr. Martín Lloyd-Jones, ministro en la Capilla de Westminster en Londres a mediados del siglo veinte: «Como cristianos, no deberíamos nunca sentir compasión por nosotros mismos. No importa cuál sea nuestra posición o qué sea lo que nos esté ocurriendo, no debemos jamás sentir lástima por nosotros mismos. El momento en que lo hagamos, perderemos nuestra energía, perderemos el deseo de luchar y la voluntad de vivir, y estaremos paralizados».

Cuántas mujeres en el ministerio han sufrido desazón y depresión por pensar que no tendrían que padecer sufrimiento. Si vivimos de acuerdo con lo que dicen las

> **Palabras de ánimo**
>
> «*T*omarnos el tiempo para escuchar a Dios y a nuestros semejantes comienza como un gesto de cortesía y respeto, continúa como la manera de comprendernos mutuamente y de profundizar las relaciones, y es sobre todo la señal auténtica de la humildad y el amor cristiano. De modo que, mis queridos hermanos, 'todos deben estar listos para escuchar, y ser lentos para hablar y para enojarse'».
>
> **–John Stott–**

Escrituras, no nos habremos de sorprender cuando nos acometan las flechas encendidas de las críticas, tanto merecidas como inmerecidas. El tomar conciencia de que tarde o temprano vendrán los problemas, nos pone a la ofensiva y no a la defensiva.

La buena noticia es que si estamos preparadas, tendremos la fortaleza necesaria para soportar los conflictos y no nos rendiremos entonces con tanta facilidad a los pensamientos negativos y desalentadores que destruyen nuestro espíritu. Recordar que Dios ya ha ganado la guerra nos da la confianza que necesitamos para continuar luchando las batallas individuales.

Segundo: «Al que responde palabra antes de oír, le es fatuidad y oprobio» (Proverbio 18.13, RVR60). No sólo nos acometen pensamientos negativos, cuando menos los esperamos, sino que, cuando nos apresuramos a abrir la boca para hablar, nos invaden como una incontrolable corriente de agua. Apenas estoy comenzando a dominar el arte de permanecer en silencio cada vez que me presentan situaciones de la iglesia. Las veces en que he, literalmente, sellado mis labios y abierto mis oídos, tuve como resultado una bendición. Si me ocupo de reunir datos por anticipado, puedo así comprender aspectos del problema que, de otra manera, no habría percibido. En vez de defender rápidamente a mi esposo, a mí misma o a una decisión, trato de permanecer callada en oración, buscando sabiduría antes de hablar. Los cristianos que más admiro son siempre aquellos que primero escuchan y luego responden con suavidad, amor y oración.

Santiago, en su carta a los primeros cristianos, les enseñó a practicar este arte de escuchar antes de hablar. «Mis queridos hermanos, tengan presente esto: Todos deben estar listos para escuchar, y ser lentos para hablar y para enojarse; pues la ira humana no produce la vida justa que Dios quiere» (Santiago 1.19-20).

He aprendido también el valor de no solicitar detalles. Se me conoce además como alguien que detiene a los informantes antes de que estos concluyan. El drama que tiene lugar en la iglesia y entre las personas no es casi nunca asunto mío, y generalmente es poco lo que puedo hacer, excepto permitir que la historia se exacerbe en mi imaginación.

Por último, toda amargura que alberguemos en nuestro interior comenzará a disolverse en el momento en que comencemos a vivir como si cada día del ministerio fuera un privilegio, no una carga. Esto consiste en simplemente asumir la actitud de los cristianos del primer siglo en las iglesias de Macedonia. En su segunda carta a los corintios, el Apóstol Pablo escribe: «En medio de las pruebas más difíciles, su desbordante alegría y su extrema pobreza abundaron en rica generosidad. Soy testigo de que dieron espontáneamente tanto como podían, y aún más de lo que podían, rogándonos con insistencia que les concediéramos el privilegio de tomar parte en esta ayuda para los santos» (2 Corintios 8.2-4).

A pesar de que los macedonios enfrentaban una prueba difícil a nivel financiero, de todas maneras estaban ansiosos de dar a la iglesia. De hecho, prácticamente le rogaron a la iglesia que les permitieran servir a Dios aun a pesar de sus limitaciones. Los macedonios consideraban que seguir a Cristo era un privilegio, sin que importara el costo. ¿Cuántos de nosotros permitimos que esa actitud de gratitud guíe nuestro servicio cristiano a pesar de nuestras circunstancias o de cómo nos hayan tratado los demás?

Debemos concientemente recordar que servir a Cristo es un privilegio, sobre todo antes de experimentar críticas y conflictos. Sólo así estaremos en una postura de alabanza que inundará automáticamente nuestra situación. William Law, un clérigo inglés del siglo dieciocho, dijo: «Si alguien nos pudiera decir cuál es el camino más corto y seguro hacia la felicidad y la perfección, debería decirnos que tomemos como regla agradecer y alabar a Dios por todo lo que nos ocurra. Porque no hay duda de que sea cual sea la calamidad que nos asalte, si damos gracias y alabamos a Dios por ella, se convertirá en una bendición».

Para fomentar la costumbre de alabar a Dios en todas las situaciones, le doy gracia a Dios todos los días por la oportunidad de servirlo. Comparto con los demás que yo considero que el ministerio es un increíble privilegio. No importa qué cargo tengamos en la iglesia, y no importa qué pruebas tengamos que enfrentar, todos formamos parte del sacerdocio de creyentes y podemos alabar a Dios por llamarnos a su glorioso servicio.

Como los creyentes de la iglesia primitiva, debemos estar listos para enfrentar pruebas, escuchar los datos antes de hablar, y celebrar el privilegio de servir a Cristo, tanto en la abundancia como en la escasez. Los cristianos del primer siglo sabían que Cristo ya había ganado la batalla. Como cristianos del siglo veintiuno, tenemos su ejemplo que nos permite vivir la vida de bendición que el ministerio les otorga a todos lo que sirven a Cristo.

capítulo ocho

Cómo atrapar a las zorras que *Arruinan el Ministerio*

No permitamos que las críticas dañinas estropeen nuestra
adoración personal y nuestra relación con Dios.

Shelly Esser

*E*ntré a los tropezones a la iglesia, cargada con mi
Biblia, cartera, bolsa de pañales, mi bebé y mi hija
pequeñita agarrada de mi pierna, ansiosa por comenzar a
adorar. A mitad del pasillo, me saludó una parroquiana muy
bien intencionada, la cual comenzó a derramar todas sus
críticas y quejas sobre la iglesia. Me sentí como el receptáculo
de un enorme camión de basura. Cuando ella se alejó, me
quedé con una abrumadora sensación de pesadez e irritación.

«¿No podría haber esperado por lo menos a que
terminara el culto antes de descargarse?» clamó mi corazón a
Dios. «Si tan sólo supiera lo que me costó llegar a la iglesia
esa mañana con mis dos niñitas». Espero con ansia los
domingos para poder estar con Dios y con su pueblo en
medio de una celebración de adoración. ¡Ni siquiera había
llegado al culto y ya mi adoración había sido estropeada por
las críticas! La semana siguiente, otra parroquiana quejosa
me asaltó de nuevo.

«¿Quién piensa la gente que soy?», le pregunté al Señor,
«¿un vertedero de basura?»

Para muchas de nosotras, lo que acabo de describir es un escenario muy familiar de lo que nos ocurre con frecuencia los domingos a la mañana. Por alguna razón, los feligreses se acercan—a la esposa del pastor—con la esperanza de captar nuestra atención y volcar sus quejas. Pero, ¿cómo podemos manejar con amor a estas personas potencialmente destructivas, y cómo evitamos que sus observaciones tajantes arruinen nuestra vida personal y la de la iglesia?

> ### Palabras de ánimo
>
> "*C*uando Daniel se enteró de que hombres malvados estaban planeando destruirlo 'se arrodilló y se puso a orar y alabar a Dios, pues tenía por costumbre orar tres veces al día" (Daniel 6.10).
>
> —Billy Graham—

Cuando me puse a buscar la perspectiva de Dios, me sentí dirigida al versículo 15 del capítulo 2 del Cantar de los Cantares, que dice: «Atrapen a las zorras, a esas zorras pequeñas que arruinan nuestros viñedos, nuestros viñedos en flor». A pesar de que ese versículo se refiere a la relación entre el amado y la amada, pienso que lo podemos aplicar también a las relaciones propias del ministerio.

Me dijeron que los zorros (o chacales) tienen una cierta predilección por la fruta, especialmente por las uvas. En los viñedos de Palestina de antaño, abundaban los zorros. Esos animales eran especialmente destructivos para los viñedos de la zona; en particular, para aquellos que estaban en flor. Ellos se acercaban de noche y revolvían todo, dañando por completo los cultivos de las uvas frescas. Al principio, el daño aparentaba ser pequeño, pero si nos se los detenía a tiempo, los viñedos quedaban arruinados para siempre.

Las «zorras» a las que se alude aquí son las actitudes perniciosas que pueden entrar sigilosamente en nuestras relaciones, amenazándolas. Así mismo, para las que estamos en el ministerio, las «zorras» pueden representar las actitudes destructivas que utiliza Satanás para roer y destruir nuestras vidas personales y ministerios que estén en flor. Algunas de las zorras que destruyen el ministerio son: las zorras del chismorreo, las zorras del espíritu censor, las zorras de la falta de perdón, las zorras del orgullo, las zorras de la independencia, las zorras de la impaciencia, las zorras de las quejas, las zorras de la amargura y la ira, las zorras de los celos, las zorras del egoísmo, las zorras de la falta de confianza, etc., etc. Esas actitudes pueden filtrarse subrepticiamente en nuestra vida o la vida de los que nos rodean en la iglesia. Lo hacen sigilosamente y calladamente como «zorras en la noche», permitiendo que Satanás arrase con el ministerio.

De manera que, ¿cómo debemos lidiar con las «zorras» que se escurren en nuestra vida y ministerio? Notarán que el versículo comienza con un verbo: «atrapen». «Atrapar» significa «cazar» o «aprehender». Se necesita acción y búsqueda diligente para descubrir los lugares en donde se esconden las zorras y para echarlas fuera antes de que dañen para siempre nuestro ministerio.

¿Cómo «atrapamos» entonces de manera práctica a las zorras, deteniendo así su poder para dañarnos? Si no las cazamos, destruirán todo lo que Dios está tratando de hacer. He descubierto que podemos «atrapar a las zorras» de diversas maneras.

Primero, podemos prestar un oído atento a la persona que exprese las críticas, pero para evitar que el espíritu de crítica arruine el viñedo—especialmente como esposas de pastores—debemos permanecer fieles al liderazgo de la iglesia, aun cuando estemos de acuerdo con algunas de las cosas que se digan. Eso significa que debemos ejercitar autocontrol para no participar en la alimentación de las zorras con nuestro propio combustible y comentarios destructivos, ya que de esa manera ocasionaríamos mayores daños aún.

A continuación, debemos enviar a la persona a los líderes idóneos que supervisen el área de queja o crítica. En vez de involucrarnos en algo que no conocemos, necesitamos guiar a la gente que se nos acerque hacia el canal apropiado para expresar sus quejas. (Por ejemplo: si se trata de una queja sobre el ministerio de jóvenes, debemos dirigir a la persona hacia el coordinador o pastor de esa área en particular.) Sería injusto e irresponsable abordar las quejas sobre áreas con las cuales no estemos familiarizadas. Si no enviamos a la gente hacia el canal apropiado, podríamos causar mayor daño aún. Este acto nos libera además de la tentación de hablar detrás de las espaldas de un colega en el ministerio.

He aprendido también que debo tener cuidado de no preocupar a mi esposo con todas las zorras que estén correteando por los viñedos. En el pasado, cometí el error, durante un almuerzo después del servicio, de contarle todas las quejas que había escuchado. Al poco tiempo, me di cuenta de que al hacerlo, estaba permitiendo que las zorras de la iglesia nos siguieran a la casa, estropeando nuestro viñedo de relación. En vez de disfrutar nuestra mutua compañía, nos estamos concentrando ahora en todas las cosas negativas de la iglesia, lo cual arruinaba nuestra tardes dominicales. Es muy sabia la esposa que no abruma o preocupa a su esposo con las pequeñas zorras de la iglesia, a menos que se trate de asuntos que lo involucren directamente a él o que tengan el potencial de convertirse en un problema de toda la iglesia. (En esos casos, es muy importante escoger el momento correcto para hacerlo.) Nuestros maridos ya tienen suficiente carga sobre los hombros y no necesitan aún más preocupaciones que las que ya tienen.

Podemos también desafiar a las personas que tengan críticas y quejas y otras actitudes problemáticas a que pasen a formar parte de la solución del problema. Si las confrontamos con amor y les hacemos notar su falta de compromiso con la situación (lo cual es generalmente el caso), podemos animarlas a que se involucren en ella, tomando así una posesión más personal de ese ministerio.

Una de las maneras más efectivas de «atrapar a las zorras» es mediante la oración. Oremos por aquellos que tengan actitudes destructivas; oremos por saber cómo manejarlos; roguemos que Dios impida que las raíces de amargura y discordia broten en el viñedo; y oremos que no se ocasione ningún daño. Lo más importante es orar y pedir que el plan de Dios por un ministerio fructífero prevalezca por encima de todo.

Por último, tenemos que tener cuidado de no suponer que las zorras sólo aparecen bajo el disfraz de las actitudes de los *demás*. Esas zorras destructivas pueden invadir también nuestro propio viñedo personal, apareciendo como pecados y actitudes dañinas hacia el ministerio. Tenemos que atrapar también nuestras propias actitudes equivocadas mediante la Palabra de Dios, la confesión, el arrepentimiento, y pidiéndole a Dios que nos cambie a *nosotras*.

Yo solía impacientarme con las personas difíciles que descargaban sus críticas negativas y quejas sobre mí; ahora percibo esos momentos como oportunidades que me da Dios de «atrapar» algunas de las zorras destructivas que corren por la iglesia. A Satanás no hay nada que le agradaría más que destruir el ministerio. Debemos estar continuamente alertas y detener todo lo que pueda lastimar, dañar o arruinar el ministerio de Dios en flor. ¡Qué privilegio y, al mismo tiempo, qué responsabilidad!

capítulo nueve

¿Cuál es mi relato?

Jody Bormuth

«Aun antes de su enfermedad, Mamá había sido una persona difícil... ¿Cuál era la razón por la cual Dios mantenía a esta persona difícil en mi vida?»

Cuando yo tenía once años, mi madre contrajo la peor forma de artritis reumatoide paralizante. Tenía dolores crónicos y al poco tiempo quedó postrada en cama. Tuvo que luchar con esta enfermedad durante veinticinco años. Yo, después de mi papá, era la que me ocupaba de ella.

Aun antes de su enfermedad, Mamá había sido una persona difícil. La artritis hizo que una situación ya difícil, lo fuera aún más. Obligó a nuestras personalidades a enfrentarse. Mi madre tenía muchas cualidades positivas que impactaban la vida de los demás, pero abundaban los momentos difíciles en mi vida. Cuando se mezclaban los atributos de mi espíritu libre íntimamente con sus exigentes atributos perfeccionistas, se pueden imaginar lo que ocurría. Era la fórmula perfecta para la frustración y el resentimiento.

Lancé mis preguntas a Dios: «¿Por qué tenemos que ser Mamá y yo tan diferentes? ¿Por qué tuvo que ser crónica su enfermedad? Es un terrible error innecesario que tuve que soportar durante 'los mejores años de mi vida'. ¡Nadie tiene que pasar por algo así! Después de tantas oraciones,

¿por qué no la sanas? ¿Cuál es la razón por la cual mantienes a esta persona difícil en mi vida?»

A pesar de que muchos de los propósitos de Dios permanecieron ocultos, él me reveló, mediante su gracia, algunas respuestas parciales a mis preguntas. A lo largo del tiempo, como corchos que se encuentran sumergidos bajo el agua, comenzaron, una respuesta tras otra, a salir a la superficie. El primer «corcho» que emergió, reveló la soberanía de Dios. Su Palabra me explicó que la existencia de Mamá en mi vida no era una equivocación. No me agradó esa respuesta. Él comenzó a enseñarme, a pesar de las dificultades y a través de ellas, a confiar y a depender de él y a recibir su fuerza. Él deseaba que yo aceptara a Mamá como era, en vez de tratar de cambiarla.

> ### Palabras de ánimo
>
> «*El* perdón es la fragancia que esparce la violeta sobre el talón que la ha aplastado».
>
> —Mark Twain—

A medida que aprendí a adaptar mi voluntad a la suya, tuve que afianzarme en su gracia, o mi resentimiento y amargura habrían fácilmente reaparecido. El propósito de Dios, a través de Mamá, era «fuese hecha conforme a la imagen de su Hijo» (Romanos 8.29, RVR60). Por fin me di cuenta de que el hecho de que yo hubiera crecido, no significaba que fuera madura. Dios había comenzado el proceso de maduración en mí.

Al pasar los años, ha comenzado a emerger lentamente un último propósito. Comencé a ver cómo Mamá lo controlaba todo. No tardé mucho tiempo en darme cuenta de que tendría que oponerme, con amor, a su exigente deseo de controlarlo todo. No es que Mamá fuera una persona difícil porque sí. La mayoría de las veces ni se daba cuenta, ya que ninguno de nosotros se oponía a ella o permanecíamos firmes en nuestra postura. Para mantener la paz y evitar los conflictos entre nosotras, yo había sufrido en silencio. Sacrifiqué la honestidad por el bien de la paz. ¿Acaso no es eso lo que hacen los buenos cristianos? Descubrí que no me encontraba sola. Muchas de mis amigas y las mujeres en mi ministerio luchaban con esos mismos asuntos de control.

Parecía que el propósito de Dios era enseñarnos a Mamá y a mí cómo dejar ir el control y «vivir la verdad con amor» (Efesios 4.15) cada vez que fuera necesario. Con el apoyo de mi esposo, me sentí lista para confrontar cada situación, según surgiera la necesidad de hacerlo. A mi mamá no le agradó demasiado. Muchas veces sufrí su sutil desaprobación. Finalmente, durante una conversación telefónica particularmente pesada, cuando con todo respeto permanecí firme en mi postura, ella se enojó cada vez más y dio por finalizada la llamada de manera abrupta. Las siguientes dos semanas, pensé mucho en lo ocurrido. Temía la carta que sabía que me iba a llegar con reproches velados por no haber sido una «buena hija». Como bien lo había predicho, llegó una tarjeta por correo. De pie en la cocina, la abrí con todo cuidado, preparándome para el dolor que sentiría cuando sus comentarios llegaran al blanco. Saqué la tarjeta del sobre y me llamó la atención, sobre todo, un gracioso dibujito con dos castorcitos. La leyenda decía: *«Tan sólo porque haya crecido...»*

Inhalé profundamente, y abrí la tarjeta. En la parte interior decía:

«No significa que nunca cometa errores. ¡No sabes cuánto lo siento!»

Continué leyendo lo que había escrito Mamá:

«Me quebranta el corazón que tengamos malos entendidos aun cuando nos amemos tanto. ¿Suponte qué lindo sería si pudiéramos hacer borrón y cuenta nueva –como ha hecho nuestro precioso Señor –y comenzáramos una vida más feliz, disfrutándonos mutuamente, siempre con amor y consideración?»

Te quiero mucho, Jody
Tu mamá

Me quedé muda. Me cubrí la cara con las manos y comencé a sollozar. Mi madre nunca se había disculpado antes conmigo. Con esta tarjeta, por fin había soltado todo su control y reconocido mi individualidad. No bien pude, la llamé y comenzamos a llorar juntas por teléfono. Nos perdonamos mutuamente y reafirmamos nuestro amor. Qué bendición. Dos meses más tarde, inesperadamente, ella falleció.

¿Cómo *no* iba a estar agradecida entonces y ahora por los propósitos que forjó Dios en mí mediante la persona difícil en mi vida? Verdaderamente, yo puedo proclamar: «¡Gracias, Dios mío, por mi mamá!»

Mi firme convicción y experiencia continúa aún siendo que podemos aprender muchas cosas de las personas difíciles que Dios sitúa en nuestra vida. A medida que se relacionan con mujeres en el ministerio, en su trabajo, en su casa o como amigas, ¿les ha dado Dios una persona difícil a ustedes? ¿Qué propósitos piensan que tiene la presencia de esta persona en la vida de ustedes? ¿Están tratando de adaptarse a la voluntad de Dios o están intentando escurrirse de ella? ¿Están acaso compitiendo con alguien por el solo hecho de que esa persona esté compitiendo con ustedes? ¿Pueden ignorarla y, en cambio, alegrarse de los triunfos que ella tenga, sabiendo que nuestra seguridad está en Cristo?

Quizás piensen que la persona difícil en la vida de ustedes es demasiado controladora. ¿Qué es lo que necesitan hacer para amarla mejor? ¿Qué imagen les refleja esa persona? ¿Han acaso tomado en cuenta los asuntos irritantes de esa persona y aprendido de ellos? ¿Se han preguntado: «Ahora que he crecido, tengo acaso que seguir lidiando con personas difíciles»? Si lo han hecho, busquen los propósitos de Dios y no se sorprendan si ellos afloran misteriosamente y ustedes terminan declarando: «¡Gracias, Dios, por _____!» ¡Sepan que Dios quiere que *todas nosotras crezcamos* en él!

Gracias, Mamá, por ser el catalizador que utilizó Dios para traer a la superficie las verdades que me han ayudado a adaptar mi vida a la de él.

Jody Bormuth

capítulo diez

Un sondeo más profundo:
Cómo lidiar con personas difíciles

Elizabeth Greene

Quién es la persona difícil en su vida? Quizás pueda nombrar a un vecino, un familiar, su jefe, un colega o un empleado. Quizás, la persona que le cause las mayores angustias y pesares sea aquella con quien usted comparte las responsabilidades del ministerio. A menudo, cuando nos involucramos en el ministerio, el enemigo nos envía problemas a través de otra persona.

Dios llamó a Nehemías a que dejara la ciudadela persa de Susa y regresara a Jerusalén para reconstruir la muralla que rodeaba la ciudad. Le dio vía libre y segura para que pudiera regresar a esa ciudad seguido por un remanente. Sin embargo, no bien comenzó la reconstrucción del muro, surgió una oposición al proyecto.

LEA Nehemías 2.17-20

Estos versículos comienzan con las palabras de Nehemías al remanente.

- ¿Quién se opuso a la reconstrucción de la muralla? ¿Por qué? (2.10)

- ¿Qué táctica utilizaron contra los israelitas?
- ¿Cómo respondió Nehemías a sus insultos?

DETÉNGASE Y PIENSE:

- ¿Se han burlado alguna vez de usted y la han ridiculizado por obedecer a Dios? ¿Qué sintió? ¿Qué efecto piensa que tuvo eso en la gente?
- ¿Qué aprende de la manera en que Nehemías respondió a sus palabras?

Nehemías sabía dos cosas que eran ciertas. Dios lo había llamado a su obra y la mano de Dios estaba sobre él. Cuando Sambalat y Tobías comenzaron a burlarse, Nehemías mantuvo sus ojos enfocados en Dios y continuó avanzando hacia delante. No trató de adivinar cuál era la importancia de su trabajo ni trató de cambiar su manera de hacerlo.

- ¿Cuáles son algunas de las maneras en que puede usted responder cuando alguien se burla o la ridiculiza por seguir a Dios?

Hay un dicho que exclama: *a palabras necias, oídos sordos*. Por desgracia, todos nos podemos acordar de momentos en que nos lastimaron con apodos y palabras hirientes. La burla de Sambalat y Tobías continúa en el capítulo 4.

LEA Nehemías 4.1-3

- ¿Qué emociones describen a Sambalat y Tobías?
- ¿Eran las burlas públicas o en privado? ¿Qué efecto piensa que tuvieron en la gente?
- Piense en las cosas que se dijeron sobre el remanente. ¿Cómo se sentiría si se dijesen esas cosas sobre usted y su trabajo? ¿Cómo afectaría todo eso a su actitud respecto a lo que esté haciendo? ¿Su confianza? ¿Cómo respondería?

Nehemías respondió orando a Dios. Se dio cuenta de que Dios lo había llamado a llevar a cabo ese trabajo mientras que la oposición no cesaba. Él se encomendó a sí mismo y su trabajo a Dios. Es posible que usted también tenga que correr hacia Dios en oración, pero su oración será diferente a la de Nehemías.

LEA Mateo 5.10-12, 43-48

• A la luz de este pasaje, ¿cómo debería orar por las personas difíciles en su vida? Haga una lista.

• Deténgase y ore en este mismo instante.

Nehemías no permitió que las personas difíciles en su vida lo disuadieran de la tarea que Dios le había encomendado, pero tomó sus amenazas en serio.

• Cuando planearon pelear contra Jerusalén y suscitar problemas en contra de la ciudad, ¿qué hizo la gente? (Lea 4.9.)

• A medida que lidie con las personas difíciles en su vida, ¿de qué manera podría necesitar la protección de Dios?

La última táctica que discutiremos se encuentra en el capítulo 6.

LEA 6.1-2

• ¿Qué deseaban los hombres que hiciera Nehemías?

• ¿Cuál era su motivación? (Vea también el versículo 9.)

• ¿Cómo respondió Nehemías de acuerdo con los versículo 3-4, 8-9?

Una pequeña reunión para conversar sobre algunos asuntos parecía algo inocente. Sin embargo, Nehemías vio que era en realidad una trampa. Todos necesitamos sabiduría cuando lidiamos con personas difíciles, especialmente cuando su oposición es variada y persistente.

DETÉNGASE y ORE que Dios le dé sabiduría y discernimiento en su interacción con los demás. Pida también fortaleza para que las acusaciones, las mentiras y la presión de sus amenazas no la saquen de su camino.

Es posible que se identifique con los desafíos que tuvo que enfrentar Nehemías: amenazas, burlas en público, palabras groseras, tácticas de terror, ardides y mentiras. ¿Ha sido más de lo que usted puede soportar? La oposición llevó a Nehemías a orar continuamente y a depender de Dios para tener fuerza, sabiduría, protección y valentía. Mantuvo su mirada fija en Dios y completó la obra.

• ¿Dónde siente usted la presión en este momento? A veces nuestros colegas desean que nos unamos a ellos para ahorrar esfuerzos en el trabajo. Nuestros vecinos se burlan de nosotros porque tenemos un estilo de vida «conservador». Quizás haya alguien en la iglesia que desee sabotear la labor de su ministerio.

• ¿Qué ha aprendido de la vida de Nehemías que podría aplicar a sus circunstancias específicas?

• ¿Qué beneficio piensa usted que podría provenir del rol de esa persona difícil en su vida?

• Finalice su período de oración pidiéndole a Dios que le permita mantenerse completamente entregada a él, sea quien sea que esté intentando distraerla de su obediencia a Dios. Pida a Dios que le permita responder de manera adecuada, tal como lo hizo Nehemías.

capítulo once

El rincón de los consejos:
Cómo amar a nuestros enemigos

Ingrid Lawrenz, MSW

> *«Amen a sus enemigos, hagan bien a quienes*
> *los odian, bendigan a quienes los maldicen,*
> *oren por quienes los maltratan».*
> *(Lean Lucas 6.27-36 y Romanos 12.9-21.)*

Como esposas de pastores, nos esforzamos por «vivir en paz con todos», en especial con las personas de nuestra iglesia. Deseamos ser un ejemplo del amor de Cristo y deseamos que las relaciones en la iglesia vayan bien, no sólo para nuestros esposos, sino también para nosotras.

Inevitablemente, no podemos complacer a todo el mundo. Tarde o temprano, nos enteramos de que alguien está decepcionado con nosotras; o peor aún, con nuestro esposo o con nuestros hijos. Las críticas duelen; nos golpean como un puñetazo al estómago. «Su esposo no tiene el don de predicar». «Usted parece ser fría e intratable». «Sus niños interrumpen todo el tiempo o les faltan el respeto a los demás». Luego viene el ataque a nuestra fe cristiana y a nuestro carácter. Esto siempre parece ser lo que más ofende: que nos juzguen como poco cristianas por haber tomado una cierta postura frente a temas tales como el aborto, misiones de rescate, psicología, o por enviar a nuestros niños a una escuela pública.

Nos invade la vergüenza: «usted es mala», «inadecuada», «debería renunciar». Tenemos ganas de escondernos. Necesitamos obtener entonces una cierta objetividad. Esto lo logramos examinando nuestra conciencia. Si vemos que está limpia delante de Dios, entonces la vergüenza desaparece y se establece una indignación justa y enojo.

¿Qué hacemos con el enojo que sentimos hacia nuestros hermanos o hermanas en Cristo? ¿Cómo podemos seguir ministrando a un *«enemigo»* en nuestra propia comunidad? El enojo dice que existe una desunión entre nosotras y nuestro hermano o hermana en Cristo. Por lo tanto, algo tiene que cambiar. Me he dado cuenta de que lo más útil es pensar en «deshacernos de nuestra ira». La pregunta entonces es *cómo* nos deshacemos de nuestro enojo.

En Marcos 3.5, Jesús estaba enojado con los fariseos, pero en Mateo 5.22 dice también que, si nos enojamos con nuestro hermano, seremos culpables de juicio. Por lo tanto, es pertinente que nos enojemos con las cosas que se enoja Dios, como ser las actitudes sentenciosas, las calumnias y el falso orgullo. Eso es diferente de un enojo que obedece a expectativas sin satisfacer o a un orgullo egoísta no complacido. A veces, podemos resolver nuestro enojo mediante el ajuste de nuestras expectativas, perdonando y teniendo paciencia. El primer paso para resolver el enojo es admitiéndolo nosotras mismas y luego hablándole a Dios sobre él (posiblemente ponerlo por escrito en nuestro diario). Segundo, tenemos que decidir si éste es un asunto con el que debemos tener paciencia o si deberíamos tal vez confrontarlo.

Si podemos confrontar a la otra persona directamente y buscar una mutua reconciliación, el enojo se disipará más rápidamente. Si esto no funciona, y el enojo continúa incrementando, tratemos de confesarlo a una persona confiable con el objetivo de deshacernos de él. De esa manera podremos perdonar en vez de calumniar. Otras esposas de pastores pueden simpatizar con nosotras y comprender bien esta clase de asuntos. El mantener oculta la identidad de la otra persona nos ayudará a no caer en la venganza.

> **Palabras de ánimo**
>
> «*N*o hagan nada por egoísmo o vanidad; más bien, con humildad consideren a los demás como superiores a ustedes mismos. Cada uno debe velar no sólo por sus propios intereses sino también por los intereses de los demás".
>
> **Filipenses 2.3-4**

Aun cuando hagamos todo bien, podremos quizás experimentar más enojo debido al pecado persistente por parte de la otra persona. Tenemos, entonces, que poner un mayor esfuerzo para resolver las cosas y necesitaremos perdonar aún más. La promesa de Dios de que suya es la venganza, nos debe servir de consuelo.

El amar a nuestros enemigos demuestra la gracia sobrenatural de Dios hacia los demás. No significa que deban agradarnos, o que los apreciemos, o que tengamos que disfrutar de su compañía. Tampoco significa que, al no confrontar su conducta, permitamos su pecado. Significa que amamos la voluntad de Dios, un amor al estilo ágape, lo cual demuestra una buena voluntad inmerecida. Significa que deseamos lo mejor para ellos y que, debido a principios morales, no deseamos castigarlos ni calumniarlos. Significa que oramos por ellos y los ayudamos si necesitan nuestra ayuda. Me resulta interesante que la Biblia reconozca que tenemos *enemigos*, afirmando así nuestro dolor, rechazo y decepción. Jesús demostró su amor hacia Judas, su enemigo, y permitió que la propia conciencia de Judas lo condenara.

Cuando descansamos en el amor incondicional de Dios, tenemos una paz que calma el enojo y disipa la vergüenza. (Él nos ama a pesar de ser imperfectos.) Saber que nuestro corazón está constantemente a la búsqueda del poder de Dios para continuar amando, aun cuando seamos tan inadecuados de demostrar esa clase de amor por voluntad propia, nos trae consuelo.

capítulo doce

Niños en la
Tierra de los Dragones

Cómo enseñarles a nuestros hijos
a manejar los conflictos con personas difíciles

Jackie Katz

Durante miles de años, el hombre ha estado intrigado con el dragón mitológico. Esos fascinantes reptiles eran famosos por su capacidad de aterrorizar a la gente. Sacudían la tierra con sus rugidos y quemaban poblados enteros con una ráfaga de su aliento de fuego. Todas las noches, incursionaban granjas y establos en búsqueda de presas y comían enormes cantidades de pobladores cada vez que tenían la oportunidad de hacerlo. Los niños eran manjares especiales.

Sólo criaturas excepcionales de leyendas, ¿verdad? Los dragones ya no existen, ¿no es cierto? Marshall Shelley, en su perspicaz libro: *Well-Intentioned Dragons,* afirma que todas las iglesias tienen su cuota de dragones. «A menudo poseen buenas intenciones, son leales a la iglesia, y están convencidos de que sirven a Dios. No obstante, socavan el ministerio de la iglesia y fomentan el descontento entre sus miembros». En todo ministerio se esconden a lo menos dos o tres de estos dragones con aliento de fuego y alas vibrantes.

Llevan a cabo ataques personales y juegos de poder. Intimidan y controlan. Vienen en una amplia variedad de formas y tamaños, disfrazados de amigos, ayudantes, ancianos y diáconos: todos siervos espirituales de Dios.

En el ministerio, estos monstruos con patas escamadas son parte del territorio. ¿Es imposible, entonces, crear un clima saludable en donde criar a nuestros niños? ¡Por supuesto que no! En realidad, es un terreno estratégico en el cual les podemos enseñar principios bíblicos sobre cómo lidiar con las personas y las situaciones difíciles. Después de todo, lo más importantes no es *lo que nos ocurre*, sino *cómo respondemos* a lo que Dios ya sabe que habrá de ocurrir. Es la vida *entre* los dragones la que desarrolla las cualidades que Dios espera ver en sus hijos.

La cuestión es cómo les enseñamos a nuestros niños a sobrevivir y prosperar en una tierra de dragones. Vayamos a la sala de estrategias de guerra y expongamos algunas de las tácticas posibles.

Táctica número uno: Vayamos en pos de la perspectiva correcta

Enseñemos a nuestros hijos que es Dios quien controla todas las cosas (véase 1 Timoteo 6.15). Cuando nuestros astutos opositores traten de obtener poder y causar toda clase de estragos en la iglesia, les debemos recordar que Dios no duerme la siesta. Es imposible frustrar sus propósitos. Ayudemos a nuestros niños a rendirse al Dios Soberano que tiene derecho sobre nuestra vida y en el cual podemos depositar toda nuestra confianza. Es posible que el plan de Dios tarde en cobrar forma delante de sus ojos, pero debemos darles ánimo y enseñarles que Dios nunca pierde una batalla. Luego, cuando las fuertes pisadas del dragón sacuden hasta los cimientos de la rectoría de la iglesia, ellos tendrán la confianza de saber que su Dios está aún en control.

Táctica número dos: No perdamos la esperanza

Al igual que muchos de ustedes, nosotros hemos sido profundamente lastimados en el ministerio. Nos hemos quemado con las flechas de fuego provenientes de la boca del dragón y hemos sido cruelmente aplastados por sus ingeniosos ardides. Sin embargo, a través de todo ello, nada ha conseguido frustrar los planes que Dios tiene para nosotros. Los dragones difíciles no tienen ninguna posibilidad de ganarnos frente a las fuertes promesas de Dios: él ha prometido que dispondrá «todas las cosas para el bien de quienes lo aman, los que han sido llamados de acuerdo con su

> **Palabras de ánimo**
>
> *"El* cristiano común y corriente es el individuo más agudamente crítico. La crítica es parte de las facultades comunes del hombre; pero en el terreno espiritual nada se logra mediante las críticas".
>
> **Oswald Chambers**

propósito» (Romanos 8.28). Él ha prometido su fidelidad y que no permitirá que seamos probados más allá de lo que podamos resistir (véase 1 Corintios 10.13). Él nos ha prometido «gracia y misericordia para ayudarnos en el momento en que más las necesitemos; que vivirá siempre para interceder por nosotros delante de Dios el Padre; y que por haber sufrido él mismo la tentación, puede socorrer a los que son tentados» (Hebreos 2.18; 4.15-16; 7.25). Prometió además que «transforma el mal en bien y que sus planes son de bienestar y no de calamidad»

(Génesis 50.20; Jeremías 29.11-13). Prometió que «no permitirá que resbalen nuestros pies. Tú, oh Dios, nos has puesto a prueba; nos has purificado como a la plata. Nos has hecho caer en una red; ¡pesada carga nos has echado a cuestas!... hemos pasado por el fuego y por el agua, pero al fin nos has dado un respiro» (Salmo 66.9-12).

Vez tras vez, debemos comunicar a nuestros hijos las promesas de Dios. Ellos podrán aferrarse a ellas cada vez que los ataque el dragón.

Táctica número tres: No nos convirtamos en un dragón

«Cuando los ataque un dragón, no se conviertan en uno», nos recomienda Marshall Shelley. «Si para poder vencer a un animal, me convierto en uno, reinará el horror». Un guerrero piadoso mantiene su cordura y resiste su primer impulso de devolver el golpe. Los niños encuentran fuerza y estabilidad en el hecho de que demostremos ser juiciosos en medio de los conflictos. Nuestro hijo nos compartió que él se sentía seguro en medio de los conflictos porque confiaba en su padre. Él sabía que su padre era un hombre justo, equitativo y bondadoso, que lidiaba con dragones de manera piadosa. Nuestro hijo se confió en el buen carácter de su padre.

El carácter piadoso perdona. No permite que brote ninguna raíz de amargura que destruya a los demás (Hebreos 12.15). El carácter piadoso demuestra también amor por sus enemigos. El amor no es algo que sintamos, sino que es algo que hacemos. Nosotros debemos escoger amar a las personas difíciles, incluso a los dragones.

Táctica número cuatro:
Beneficiémonos del proceso

Los niños pueden ser muy perceptivos y darse cuenta cuando las cosas no van bien en el ministerio. Ellos reconocen cuando el dragón anda dando vueltas. Cuando nuestros hijos fueron mayores, ya no conversábamos todo detrás de la puerta cerrada. Comenzamos a procesar algunas de las cosas abiertamente con ellos, quienes se sintieron privilegiados de formar parte del equipo. Aprendieron que el ministerio traía aparejadas dificultades, pero que con la ayuda de Dios era posible manejar todo lo que los dragones tiraban a nuestro paso. Juntos procesamos las dificultades, dolores y decepciones. Al hacerlo, pudimos llegar a un lugar más alto; un lugar de aceptación y luego risa. ¡Qué alivio era reírnos! Al recordar nuestras más recientes escaramuzas, nos reíamos y nos maravillábamos de las gloriosas victorias que Dios había logrado en nosotros. Habíamos escapado del aliento nocivo del dragón; a través de nuestras lágrimas y risas, los niños vieron que todo estaba bien.

Táctica número cinco: Corramos la carrera

Siempre existen numerosas razones para tirar la toalla, pero ¿qué ejemplo sería ése para nuestros hijos? Daniel Hahn, en su libro *Teaching Your Kids the Truth about Consequences,* dice: «Claramente, la única manera en que nuestros hijos sabrán cómo correr una carrera es observándonos a nosotros. Si no corremos ninguna carrera, tampoco lo harán ellos. Y si lo hacemos, podemos estar seguros de que estarán observando cómo corremos, y en qué dirección, y durante cuánto tiempo, y cómo nos sentimos al respecto y qué hacemos cuando nos caemos». El ejemplo que necesitamos darle a nuestros hijos es el poder de perdurar. Nunca nos demos por vencidos temprano. Concentrémonos, en cambio, en la línea de llegada.

El apóstol Pablo nos alienta con estas palabras: «Por tanto, no nos desanimamos. Al contrario, aunque por fuera nos vamos desgastando, por dentro nos vamos renovando día tras día. Pues los sufrimientos ligeros y efímeros que ahora padecemos producen una gloria eterna que vale muchísimo más que todo sufrimiento. Así que no nos fijamos en lo visible sino en lo invisible, ya que lo que se ve es pasajero, mientras que lo que no se ve es eterno» (2 Corintios 4.16-18).

Había una vez un Rey justo y glorioso, todo vestido de blanco, que se encontró con un guerrero que volvía a casa después de haber luchando contra un dragón. Estaba acompañado por un pequeño bando de personas. Viendo al rey, el guerrero cayó de rodillas para venerarlo.

—¿Quiénes son los que están contigo? —preguntó el Rey.

El guerrero, cansado y desgastado por sus batallas, respondió:

—Ellos son mis hijos, Señor, los que tú me has encomendado. He guardado fielmente tus mandamientos y todos hemos vuelto sanos y salvos de regreso a casa.

> ### Palabras de ánimo
>
> "*Lo* que destaca al hipócrita es que es un cristiano en todas partes menos en su casa".
>
> **Robert Murray M'Cheyne**

Quitando su brillante espada de doble filo de la vaina, el Rey grande y poderoso tocó el hombro del guerrero con su punta, confiriéndole un gran honor: «Y ahora te armo caballero por tu gran servicio a mí y a estos, tus hijos. Acepta tu recompensa».

Y todos vivieron felices y comieron perdices. Fin.

Biografías de los autores

Jill Briscoe es una escritora y conferencista muy popular que ha escrito más de cuarenta libros. Ella dirige el ministerio de medios de comunicación Telling the Truth, junto con su esposo, Stuart, y ministra a través de sus compromisos como oradora alrededor del mundo. Jill es la editora en jefe de *Sólo entre nosotras,* una revista para esposas de pastores y mujeres en el liderazgo, y presta servicio en las juntas directivas de World Relief y Christianity Today International. Jill y Stuart viven en los suburbios de Milwaukee, en el estado de Wisconsin, y tienen tres hijos grandes y trece nietos.

Stuart Briscoe, nativo de Inglaterra, ha prestado servicio como pastor principal de la iglesia Elmbrook en Brookfield, Wisconsin, durante los últimos treinta años. Recientemente, Stuart renunció para convertirse en ministro en general junto con su esposa, Jill, de modo que puedan concentrar más tiempo ministrando a pastores y misioneros en el extranjero. Ha predicado en más de cien países. Él y su esposa tienen tres hijos adultos y 13 nietos y viven en los suburbios de Milwaukee, en el estado de Wisconsin.

Jackie Katz recibió su adiestramiento para el ministerio en la Universidad Bíblica de Filadelfia. Es una experimentada maestra y comunicadora, consejera bíblica, y columnista de *Sólo entre nosotras*, una revista para esposas de pastores y mujeres en el liderazgo. Ella aporta una mezcla de ideas, humor y practicidad que estimula los dones de Dios de esperanza y alegría en todo lo que ella hace. Ella y su esposo han ministrado juntos durante treinta y nueve años. Tienen dos hijos adultos y siete nietos y viven en Spring Grove, Pennsylvania.

Shelly Esser ha sido la editora de *Sólo entre nosotras*, una revista para esposas de pastores y mujeres en liderazgo, durante los últimos trece años. Ha escrito numerosos artículos publicados y ministrado a mujeres durante más de veinte años. Su libro reciente: *My Cup Overflows—A Deeper Study of Psalm 23* anima a las mujeres a descubrir el amor y el cuidado que Dios, como pastor, les brinda a las mujeres. Vive en el sudeste de Wisconsin con su esposo, John, y sus cuatro hijas.

Golden Keyes Parsons es una oradora y escritora capacitada por CLASS, quien al mismo tiempo ministra con su esposo Blaine en Faith Mountain Fellowship en Red River, Nuevo México. Su testimonio y centenares de experiencias de vida, incluyendo el haber sobrevivido el cáncer, le da autenticidad a sus enseñanzas. A Golden le encanta hablar a grupos de mujeres en conferencias, retiros, seminarios y otros eventos. Ella y su esposo tienen tres hijas adultas y ocho nietos.

Ingrid Lawrenz, MSW es una trabajadora social diplomada que ha aconsejado durante diecisiete años. Ingrid ha sido esposa de pastor durante veintisiete años y es actualmente la esposa del pastor principal en la iglesia Elmbrook en los suburbios de Brookfield, Wisconsin. Ella y su esposo Mel tienen dos hijos adolescentes y viven en Waukesha, Wisconsin.

Holly Kelleher Owens disfruta escribiendo por cuenta propia y sirviendo junto a su marido en su nuevo ministerio llamado Blue Sky Ministries. Holly tiene dos hijos pequeños y vive con su familia en Atlanta, Georgia.

Jody Bormuth ha estado involucrada en el servicio cristiano por más de treinta años. Jody es parte del personal de su iglesia y participa de diversos ministerios: lidera grupos de estudio bíblico, aconseja y enseña a mujeres de todas las edades. Se ha graduado recientemente en el Seminario Bíblico de Multnomah y posee una maestría en ministerios pastorales. Ella y su esposo Tom tienen dos hijas adultas y viven en Grants Pass, Oregon.

Elizabeth Greene tiene una maestría en educación cristiana y en el pasado se ha desempeñado como pastora del ministerio de niños en de la iglesia Elmbrook en Brookfield, Wisconsin. Elizabeth continúa activa en los ministerios de niños y mujeres a través de clases y charlas. Vive en Waukesha, Wisconsin, junto con su esposo Ryan y sus dos hijos.